迭代力：

构筑未来商业的内在力量

张增先　王定标　潘永焕　著

ZHEJIANG UNIVERSITY PRESS

浙江大学出版社

"赢"接下一轮繁荣

今年是改革开放 40 周年。40 年来，中国迅速从农业国发展成工业国。工业和农业的生产方式有一个根本的区别，即农业对资本的需求相对较低，资本主要用在灌溉设备、农业机械等方面。而工业总是伴随着快速的资本积累，主要体现在固定资产投资方面。因此，工业化时期，投资是拉动经济增长的最主要动力。在改革开放的前 30 年里，我国固定资产投资增速约两倍于 GDP（国内生产总值）的增速，就是投资驱动增长的直接反映。

宏观层面上，我国工业化基本完成，已经进入后工业化阶段。进入后工业化阶段后，经济现象发生了以下变化。

变化一：资本积累的速度大大放缓。过去几年，我国固定资产投资增速基本与 GDP 增速同步，从两位数跌到了个位数（6%~7%）。也就是说，今后投资不再成为我国经济增长的核心动力。

变化二：产能普遍过剩，企业经营变得困难。宏观政策开始失灵，不管是财政政策还是货币政策。工业化时期的财政政策和货币政策的主要作用是拉动投资需求，通过政策促进投资，扩大产能，驱动经济增长。但在产能过剩的前提下，宏观政策已经很难刺激投资需求，因为投下去的资金已经赚不到钱了。产能过剩导致供大于求，市场出现恶性竞争。对企业来说，继续扩大规模无异于"找死"，不扩大规模又没有价格优势，无异于"等死"。经营陷入前所未有的困境。

变化三：制造经济转换为服务经济。市场经济规律告诉我们，从工业化阶段过渡到后工业化阶段，经济发展也必然从以制造业为中心让渡于以服务业为中心。改革开放之初，我国服务业占 GDP 的比重约 25%，到 2017 年，这一比例已上升到 50%，中国已经进入服务经济时代。小米手机仅用 6 年时间就做到了千亿美元规模，却没有一座厂房，这就是以服务经济为中心的真实写照。

变化四：创新已经成为下一轮繁荣的核心动能。在工业化阶段，企业取得成功的关键要素是资源整合能力。那些拥有良好的政府关系和贯通国有银行、股份制银行等低成本融资渠道的企业，能够赚取政策红利，轻松获得超额利润。例如房地产企业、家电企业等，丰厚的利润使得它们更有能力进行投资，通过规模优势在竞争中取得胜利。但是在后工业化阶段，市场已经严重饱和，各行各业都已产能过剩。企业只能挖掘新需求，开创新市场。

微观层面上，经营环境的变化主要表现在以下几点。

表现一：全球化浪潮带来挑战，国际贸易环境被迫重构。在美国优先的理念下，美国总统特朗普发起了史无前例的贸易战。全球化被迫放缓，国际贸易面临全新挑战，对中国企业的影响必将巨大而深远。

表现二：应用技术革命正在颠覆产业格局。工业 4.0、VR（Virtual Reality, 虚拟现实）、AI（Artificial Intelligence, 人工智能）、5G（第五代移动通信技术）、3D 打印、区块链、大数据、云计算、工业互联网等新技术、新概念的快速应用，不断冲击原有的产业格局，行业跨界、产业融合、市场裂变、平台吞噬，这些变化实实在在地影响到每一家企业、每一位个体。

表现三：产业链变短，企业分层明显，平台企业形成垄断。互联网带来的影响开始由消费终端向产业链前端深度渗透，进一步加剧了产品生产、产品营销、品牌传播、售后服务等经营环节的裂变，新流程、新方法、新模式不断涌现，又迅速被更新的流程、更新的方法、更新的模式替代。

结合宏观和微观层面的分析可见，我们的企业正处于秒变环境下以提供服务为中心的创新经济时代。

以提供服务为中心对企业来说，对资本的依赖程度降低了，产业链和产品的流通周期变短了，决定企业成败的时间也相应变短了，因此，服务经济要求企业发展速度够快。正所谓"唯快不破"。

创新已成为当今经济环境下的必然要求和速度竞赛下的必需手段。但创新对大多数中国企业来说还是全新的挑战。在营商环境快速变化的今天，企业如何才能通过创新获得竞争优势，也成为一个时代课题。

对于绝大多数企业来说，要创新，必须翻越三座大山。

第一座大山是组织障碍。传统的企业组织是以"老板"为导向的"皇权型组织"，企业的决策掌握在企业主手里，企业主拥有"皇权"。企业主的"旨意"向下传达，层层落实。"皇权型组织"在创新经济时代存在两大弊端：一是团队缺乏创新的内在动力；二是若企业主对市场判断失误，就会一招不慎，满盘皆输。只有转型为以用户需求为导向的"迭代型组织"才能为创新提供组织保障。

第二座大山是企业与员工的关系。传统意义上，企业与员工是雇佣关系，是甲方和乙方的关系，也就是我出钱你干活的关系。在这一关系设定的前提下，创新是企业的事，和员工无关。

第三座大山是创新思维。我们的人才最缺乏的就是创新教育。而创新思维是需要长期培育的，企业应在创新实践中寻求方法论，通过方法论逐步启发每个人的创新潜能。

只要迈过以上三座大山，创新就有无限可能。但想要赢得竞争，还必须守正出奇。

如今的世界，一切都在快速发生变化，但商业的本质逻辑没有变化：提供产品，满足需求，获取利润。这就是守正。坚守商业的本质逻辑，企业的战略方向就不会出错。

如今的企业，管理的逻辑没有变化，但经营的能力必须改变。除了原有的战略能力、执行能力，还必须具有应对快速变化的迭代创新能力。这就是出奇。快速迭代，创新制胜。

在创新经济时代，拥有迭代能力的企业，将如同具备超进

化功能的生命体：认清变化，迭代调整，在环境动态变化中始
终保证商业计划快速落地，保持新技术条件下的商业模式迭代，
维持企业在投资人眼中的价值成长。

在快速变革的时代，变化带来了威胁，更带来了机会。

迭代力是一种在变化中取胜的能量，是一套应对变化的方
法论。愿《迭代力》为您或您的企业赋能：让每一个卑微的个
体都能持续蜕变、如花绽放，让每一家企业都能无惧变化、基
业长青。

张增先

2018 年 7 月

目 录
Contents

第二篇　打造迭代力

第三篇

迭代力：卓越企业的加速器

第一篇 ▷

赢在秒变时代的利器

如果让我们给今天所处的时代打上标签，最具代表性的词语一定是：变化。

　　变化发生在社会生活的方方面面，每个人对此都有实实在在的感知。变化几乎无处不在，并且遵循摩尔定律加速裂变。它不断拷问我们的心智，刷新我们的感知，挑战我们的想象力。

　　但是，明明知道世界在变，我们却始终没搞清楚它是怎么变的。

第一章　秒变时代已经来临

我们生活在一个价值大爆炸的时代。新价值不断树立，旧价值不断清零。

产品迭代周期越来越短，今天的市场宠儿，明天就变成历史文物；内容信息热点频繁切换，今天被万人刷屏，明天就惨遭覆盖；模式颠覆令人目不暇接，今天的风口榜样，明天就成了失败案例。

互联网的深度应用，带来了前所未有的创新协同，技术的产品化让我们的物质产品和精神产品空前繁荣。技术突破、模式创新，叠加成变革的洪流，不断刷新我们的认知。我们身在其中，乐享越来越便利的生活；我们也心怀焦虑，不知道未来到底会变成怎样，我们赖以生存的一切是否会被瞬间颠覆。因此，我们欢迎变化，但更希望有一种力量可以让我们淡定应对变化的一切。

这是个秒变的时代，也有人称之为 VUCA 时代：

● V 代表易变性（Volatility）

● U 代表不确定性（Uncertainty）

● C 代表复杂性（Complexity）

● A 代表模糊性（Ambiguity）

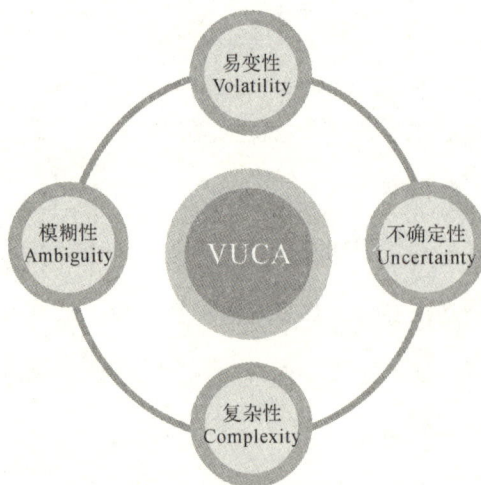

▲ VUCA 时代

变化的四大要素中，对普通大众来说，易变性、复杂性、模糊性往往无从把握。我们更多的感知来自营销巨变、"野蛮人"入侵和数字化带来的不确定性。那么，就让我们从这三个维度来了解这个时代的变化。

1.1　营销巨变

短短几十年，中国商业社会的营销环境经历了四次重大改变：

1990 年以前，是销售为王的时代；

1990 年到 2009 年的互联网萌芽期，是大众传媒的黄金岁月，营销环境进入营销为王的时代；

2010 年到 2017 年的互联网普及应用期，是运营为王的时代；

2018 年开始，是万众传媒的时代，营商环境开始进入产品为王的时代。

互联网最根本的改变在于信息传递方式的变革，因此改变最早、最彻底的就是承担信息传递服务的传媒行业，继而是对信息传递依赖度最高的销售行业。营销环境的改变主要包括产品、品牌传播方式的改变和销售渠道的改变。

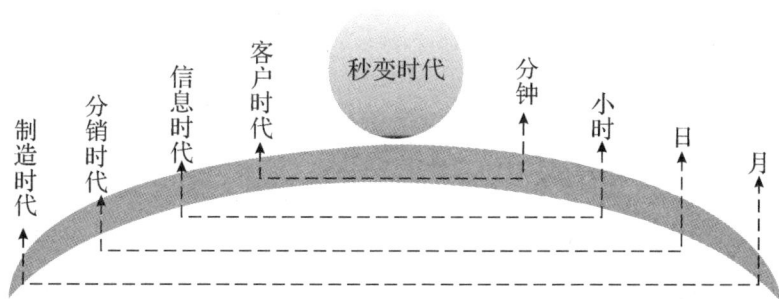

▲ 营商环境进入秒变时代

"我极其担心，一个做传播的人，最后在自说自话，自怨自艾。"前央视主持人张泉灵正是认识到了传播媒介的剧烈变化，毅然决然地改行做投资。外界说她是"华丽转身"，但一个人离开自己的舒适区一定会经历痛苦，这一点，相信众多的企业经营者、创业者都感同身受。

随着大众媒体时代落幕，痛苦的不仅仅是"张泉灵们"，还有无数的公关、传媒、广告服务等行业的从业者，4A 公司风光不再，社交媒体崛起，数字营销随着技术进步深刻改变着品牌和产品的传播方式与传播渠道。

今天，一个网站即便拥有 10 亿的日活跃用户，也还是一个分众媒体，因为每个人看到的互联网是不一样的。品牌投放、产品宣传面临的是全新的环境，企业主揣着大把的预算，却再也找不到过去一夜成名的快感。

消费者接触媒体的渠道越来越分散，潜客思维开始让渡于用户思维，广告思维必须转变为流量思维。流量成本越来越高，而用户社群化程度越来越高，甚至出现小群化。过去说广告的 80% 是拿来浪费的，但至少有 20% 是有效的。而今天，如果没找对渠道、用对方式，广告费可能会尽打水漂，毫无收获。况且，互联网自身的发展也带来了互联网环境下传播方式的进一步变化，从媒介时代的公关为王，到社交媒介时代的内容为王，进而演变为今天的创意 + 技术的体验式传播，传播行业本身正在快速迭代。

变化的不仅是传媒行业，互联网对营销渠道的改变同样令人印象深刻。

传统上我们经营一家企业，如果要搭建全国的经营渠道网络，至少需要 5~10 年的时间，过程中会面临层出不穷的问题，建立代理商网络同样需要付出艰巨的努力。但是，这些渠道一经完成，就会生成极强的壁垒，帮助企业阻挡竞争者的冲击。竞争对手的产品再好，如果没有渠道让消费者买到的话，也无济于事。所以，传统企业只要有一个强大的渠道网络，就可以把竞争对手挡在门外，赢得企业发展的安全期。如今，移动互联网技术使得消费者可以轻松地在互联网上买到任何产品，渠道的壁垒彻底消除了。

案例：互联网冲击下，线下零售店的挣扎和改变

大梁毕业于"211"高校，毕业后进入安踏公司工作。经过几年努力，他成功拿到了安踏贵州省的代理商资格，前几年做得风生水起，几年时间即收获了千万资产。

2014年始，电子商务的冲击影响到线下终端。大梁的生意直线下滑，大量门店被迫关停，从最高峰的近百家终端缩减到了35家，而且连年亏损，积累的资产也损失大半。无奈之下，他开了淘宝店，但同样经营惨淡。

这使大梁长年生活在极度的焦虑之中。他的学历不低，但还是没能理解这个时代的变化。在线下门店生意受到冲击后，他在淘宝网上开设了自己的网店，但也只是把它作为一家互联网门店运营。

在他看来，自己曾经成功地经营上百家终端，对行业、零售绝对是内行。既然被线上抢走了生意，那他也去开一家线上店好了。事实证明，线上、线下的经营是完全不一样的。线上是一个全新的渠道，而不仅仅是一家互联网门店。

例如上海南京路上的商店，它的消费对象一定是往来南京路的旅客，来店里消费的用户基本清晰，目标客户能大概确定，店里的货品一定是满足其共性需求的产品。但如果是在线上，这一家店有可能迎来新疆的顾客，有可能迎来东北的顾客，或者是福建的顾客。

如果在线下卖鞋，10月的福建畅销主流可能是平板鞋，而这时候新疆和东北已经下雪，高帮加厚的鞋款要更受欢迎。理论上线上是一个全新的渠道，一个东北人和一个福建人点击看到的网页应该不一样，一个男人和一个女人点击看到的网页也应该不一样。

如果能真正理解变化背后的逻辑，那么，整个公司的管理模式、营销思路都会发生变化。把它当作线上的一家门店运营时，它可能就是公司品牌的"奥特莱斯"，所有库存里卖不出去的款式，都被放到线上门店里卖。

而如果把它看作一个全新的销售渠道、全新的商业模式、全新的发展趋势，它甚至可以是订货前的验证环境。比如一款新品上市，到底拿不拿货，拿多少货，拿哪款货，挂到线上，收集数据，让数据告诉我们，贵州人喜欢的到底是哪几款鞋。

电子商务发展到今天，刚刚熟悉了从线下营销到网络营销的经营者,又要开始学习线上与线下结合的营销手段。当阿里巴巴和腾讯公司在疯狂收购线下零售终端的时候,当新零售在进行现实探索的时候,尽管可能不在同个行业,但只要在经营企业,就一定不是局外人,必须时刻关注其发展,洞察其变化。

1.2 "野蛮人"入侵

互联网已经深刻影响着我们生活的方方面面,每个行业都因为互联网的影响而发生了经营环境方面的巨大变化。开酒店的面临散客流失、平台导流的全新环境;做餐饮的必须认真面对大众点评网的口碑导流价值,并懂得好好利用,同时学会利用美团或饿了么等第三方服务平台,以扩大服务半径。

营商环境的改变因素很多,但"野蛮人"的入侵无疑缩短了变化周期,放大了变化的边际效应。

所谓"野蛮人",也就是获得巨额融资以后以不计成本的方式抢占市场的新入局者,他们背后有实力雄厚的投资人的支持,以杀敌一千、自损八百的方式对竞争者进行"剿杀",勇往直前地走自己的路,让别人无路可走。

不管最终他们能否成为笑到最后的那个人,他们对行业的影响是巨大的。如果没有"野蛮人",也许行业排名前十名的企业都能过得很好。在区域市场精耕细作也不失为机会,但"野蛮人"实行"焦土政策",让市场不留死角。这是市场占有率第一名和第二名之间的战斗,就算排名行业第三的企业也几乎没有生存空间。

王老吉和加多宝的"相爱相杀"让和其正没有了生存土壤；ofo和摩拜的残酷搏杀让排名靠后的共享单车相继倒下，但它们还没来得及喘息，资本的"相爱相杀"又演变出新格局，哈啰单车背靠巨头，大有弯道超车的趋势。

"野蛮人"的出现同时也大大缩短了新兴产业的成长周期。一种新技术、新模式的出现，原来需要几年甚至几十年的市场培育过程，而今巨额资本的介入，使这一过程缩短为几年甚至几个月。

携程网从创立到上市用了5年；美团从创立到收购大众点评网用了3年；滴滴出行做到百亿规模用了2年；摩拜单车从创立到估值百亿只用了1年；抖音推出市场仅200天，用户量即突破1亿，日播放量超10亿，半年干翻老牌短视频玩家快手和美拍。

"野蛮人"带来的行业影响无须赘述。面对"野蛮人"参与的市场，要么自己成为"野蛮人"，要么在对手面前"缴枪不杀"。想要成为"野蛮人"，首先必须获得资本的青睐。资本不讲感情，只有成为高速成长赛道上有速度优势的选手，才有可能被资本加持，否则只能沦为"先烈"。

1.3 数字化驱动产业裂变

移动互联网时代，消费环境发生了根本性变化。消费观念、消费习惯、消费结构、消费者都在改变。

过去钱花在"有用"的地方，现在可能更多地花在"有感"的地方；过去我们要用的时候才买，现在看到"好"的就买，至于有用没用，不会考虑太多；过去我们花大比例的钱在衣食住行上，现在基本生活之外的精神消费占比更大了；过去小孩的东西都是由父母买，现在买什么由小孩自己选定，父母生怕付款慢了，惹宝宝不开心；过去赚钱的更有资格花钱，现在赚钱的追着花钱的花钱……

需求的变化倒逼供给侧数字化改革。过去我们以供给侧思维做产品，现在需要站在需求侧一边做产品了；过去从生产到渠道再到消费者的产业链现在变短了；品牌触达消费者的过程变直接了；消费者的购买渠道和场景改变了……

互联网生态下，行业和产业变得更加扁平，也就是说，互联网让产业价值链变短了。没有良好的信息基础设施之前，一个生产者只能服务少数人，需要直接服务数以万计的消费者时则无能为力，单个客户的服务成本也非常高，无奈之下，他只能发展一批代理商，通过利润吸引他们一起服务更多消费者。

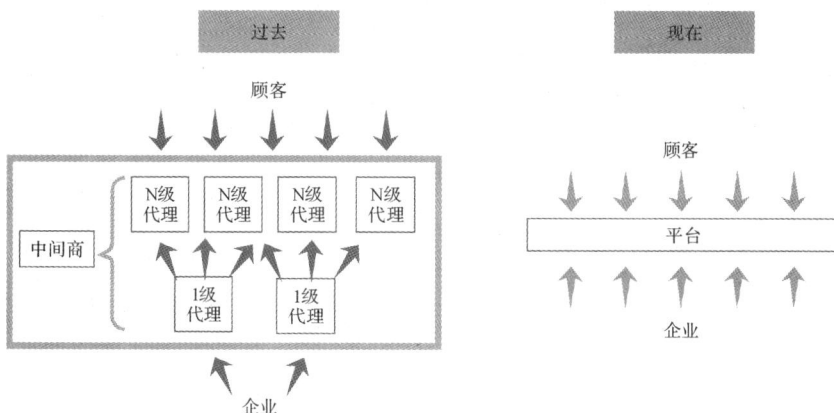

▲ 互联网环境下产业链的变化

有了互联网这一信息基础设施后，企业服务亿万终端用户的成本和服务少数代理商的成本几乎没有差别。行业价值链上，几乎所有的中间环节都失去了价值，它们被淘汰出局也就成为必然。

案例：数字蛋糕店——速递真爱！

说起蛋糕店，我们固有的印象是街头飘香的小屋，夜晚温暖的灯光，以及下班后漫步其中选购的人群。这些门店的形象极佳，地段一般也不会太差。决定门店生意状况的首先是地段，然后才是品牌、花式、口感等。地段好的门店租金一般都很贵，有的店租金占营业收入的 50% 以上，大部分利润都被租金吃掉了。

数字化时代，蛋糕消费者的需求正在发生变化，从味觉满足到情感寄托，吃的需求在下降，而对情感表达的要求在提升。传统蛋糕店虽也种类繁多，但很难满足消费者情感寄托这一需求。

诺心蛋糕正是看到了这一消费需求的变化，瞄准"大部分利润都交了租金"这一行业痛点，尝试以互联网蛋糕店的形式做出新的商业模式。

米其林三星烘焙师的背书，打消消费者看到、尝过才敢购买蛋糕的消费顾虑；个性化蛋糕满足用户任何情感表达诉求，用户想表达的话语、图案等都可以个性化定制；网络预订、线下配送的电子商务流程避免了消费者拎着蛋糕聚餐的麻烦；较高端的品牌定位满足了人们在情感表达上的诉求：我在乎你！我很重视你！

蛋糕承担了"信使"的角色，为年轻男女传递爱意，为家人朋友送达关怀，为同窗同乡同事同好表达关爱。线上蛋糕店推向市场后迅速获得了年轻消费者的喜爱，诺心公司此后也获得了资本的青睐且估值不菲。

数字化变革的浪潮刚刚兴起，它带来的变化已经足以让人应接不暇：大众消费市场被切割为众多的小众市场，从洞察消费者需求到以数据分析需求，从现实场景到虚拟场景，从现金支付到移动支付，等等。

但时至今日，产业变革还只是刚刚度过了普及期，接下来的深度应用才刚刚开始，互联网金融、互联网政务、互联网教育、工业互联网、农业互联网及互联网时代的城市管理等，还有大量的"富矿"等待挖掘。

1.4　组织关系变革

经营环境的改变、产品环境的改变、制造环境的改变、营销环境的改变，都会不同程度地影响到组织关系的改变。

传统企业的组织关系是雇佣制，互联网时代，这种组织关系正在发生变化。

▲ 组织关系的变化

　　中国平安是国内的大型保险集团，年销售额约 8000 亿元人民币，A 股市值超万亿元，巨额营收绝大多数来自于非雇佣员工。中国平安与基层销售人员一律采用合伙制——公司提供平台，个人各自发挥，签订劳动合同，由公司缴纳五险一金，但无底薪保障。这是对雇佣制的初期变革。

　　猪八戒网是一个任务分发平台，主要发布的任务包括美工、设计、IT 技术、UI（用户界面）模型等技能型任务。从 2004 年运营至今，平台稳健发展，用户数稳步提升，用户黏度良好，在大平台无孔不入的生态中，不仅没有被吞并，还开启了企业和个人业务协作的典型模式。

　　随着共享经济、分享经济模式的不断涌现，在线教育、知识分享领域出现了众多新组织形态的企业，平台 + 个人的组织形态已初露端倪。

　　工业文明催生了工厂，全球贸易催生了公司，互联网技术催生了平台。我们无法预测未来的企业组织关系具体怎样变化，但变化是确定的。这样确定的判断，是基于对人性的认知。没有人愿意被别人管，这是基本人性。人的本性决定了组织关系变化的方向：趋于平等的组织关系。

　　你当老板，我为你打工，一定是不平等的。工业文明时代，你掌握了资源，我为你打工；全球贸易时代，你掌握了商机，我为你打工；而互联网的平台属性第一次让传统的雇佣关系发生了改变，越来越多的人成为基于平台的自主职业者，如淘宝店店主、自媒体人、微商、技能交易平台的技能提供者、知识付费平台的知识提供者等。

其间还出现了很多现象级人物：罗振宇、马东、杜子建、吴晓波、papi酱等；健身达人、美食达人、直播网红、心理咨询师、网络工程师等也都有机会通过和平台合作获得收入。他们和平台型企业已经不是雇佣关系，而是协作关系。

以协作关系为原则的新组织形态已经产生且正在普及，企业如何适应这种变化，问题就在眼前。

今天，变化仍在发生并且还将加速和扩大。"新美大"刚敲锣，却又"饿了么"；永辉超市静水深流，在人们不甚关注的传统零售市场逐步成长为行业白马；原本不在主流视野的餐饮品牌"海底捞"一夜成为网红企业；"楼上楼下，电灯电话"的全民梦想实现后，人们的购买欲望没有就此止步，还有更多东西值得拥有，于是"好空调，格力造""白天打游戏，夜晚逛天猫"……

变化催生了全民焦虑，焦虑又催生出无穷的恐惧感：无时无刻不在发生的变化将怎样影响我们的生意？

第二章　秒变时代的三个机会和三大问题

秒变时代是各种因素叠加的结果，而数字化技术是带来这些变化的根本因素，它让产业链变短、世界变平。

多年的研究表明：在秒变时代，绝大多数行业的产业价值链分层明显。

在工业文明时代，即便是同行竞争者，因为各有细分市场，也可以和平共处，甚至互相拾遗补阙。但在互联网时代，情况变得极端，不是朋友就是"敌人"。因为在互联网环境下，行业价值链分层明显，你处于哪一层，要有清晰的战略定位，否则企业不可能"太平"。

基于互联网平台会围聚形成一个个互联网生态，未来只有三类商业机会：小而美的平台交易方，能为平台提供核心支撑的企业，以及平台本身。生态之外的企业，如果不能融入生态，只要竞争就是"敌人"，必须歼灭。

企业必须看清生态，在新的行业价值链中重新找准定位，有清晰的定位才有参与竞争的机会。而且，行业生态也处在秒变环境中，企业主们必须迭代应变。

2.1 三个机会

我们常说的规模优势主要表现为"三大一低"，"三大"是指：规模越大，获取信息的优势越大；规模越大，其行业价值链中的议价优势越大；规模越大，成本优势越大。"一低"指的是规模越大的企业，相比小规模企业，其管理效率一定越低。

由于"三大"优势明显，能有效覆盖其管理效率低下这一劣势，所以，大企业相对于小企业具有明显优势。

然而，进入互联网时代后，信息获取的渠道足够发达，获取成本越来越低，小企业也能以很低的成本获取信息。同时，互联网平台的大量出现，间接地让小企业在行业价值链上的议价能力站在了与大企业同等的水平上，甚至因为定价机制更加灵活，小企业的议价优势比大企业更大。

大企业三大优势中的信息获取和议价能力都已经不复存在，只剩下规模制造带来的成本优势，但这一优势无法覆盖管理链条过长导致的效率低下的劣势。既无平台的垄断优势，又无中小企业的创新动力和决策灵活性，规模企业面临着"想突破天花板又担心连原有的优势也保持不住，想维持现状却又被穷追猛打"的尴尬境地。于是，绝大多数企业选择迎难而上，把企业未来寄望于平台化。

所谓平台，就是消费者在特定场景下的第一选择，比如"万能的淘宝""买品牌上天猫""3C 找京东""社交用微信""旅游看携程""托福雅思去新东方"等。其核心评判标准就是：是否为特定场景下的第一选择。

平台是指基础服务的提供方，它连接供需双方，并且具有在某个场景下关联想象的品牌效应，想干什么、想要什么，立马想到的交易地点即为平台。一旦成为平台就一定能在行业价值链上处于相对垄断的地位，处于"波士顿矩阵"中的舒适区。因此，企业皆欲得之而后快。

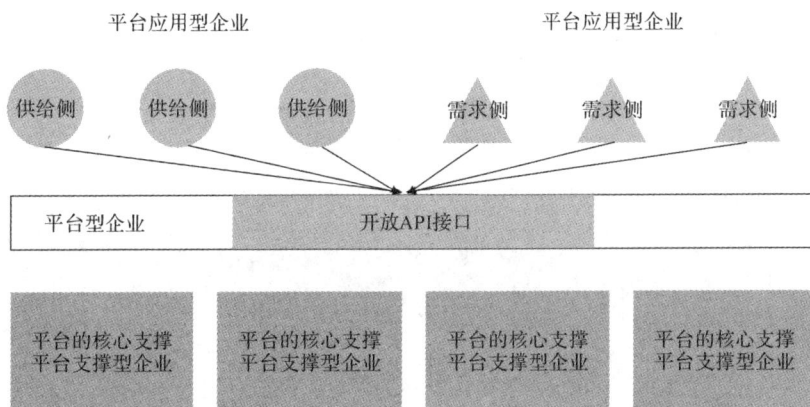

平台应用型企业　　　　　　　　　　　平台应用型企业

```
供给侧   供给侧   供给侧      需求侧   需求侧   需求侧
```

平台型企业	开放API接口	

| 平台的核心支撑
平台支撑型企业 | 平台的核心支撑
平台支撑型企业 | 平台的核心支撑
平台支撑型企业 | 平台的核心支撑
平台支撑型企业 |

▲ 平台型企业、平台支撑型企业、小而美的平台应用型企业的关系

在互联网生态环境下，企业只有三类战略定位：

第一类是平台型企业。决策人首先要认真分析企业所在的行业还有没有平台型机会。

第二类是平台支撑型企业。如果没有平台型机会，那么，有没有机会找准痛点做大做强，大到足以让平台认可自己的核心支撑价值？

如果没有这样的机会或者自身资源条件不具备，那么就静心寻找第三类企业战略定位：做一家小而美的公司。找到和自己企业的核心价值匹配的平台，好好地做一家小而美的平台应用型企业。

近年来，我们看到阿里巴巴和腾讯公司在生态布局上动作频频，其背后的逻辑都是基于这一原理。因为平台下方能提供核心支撑的企业越多，平台的价值越大，安全边际也就越高。

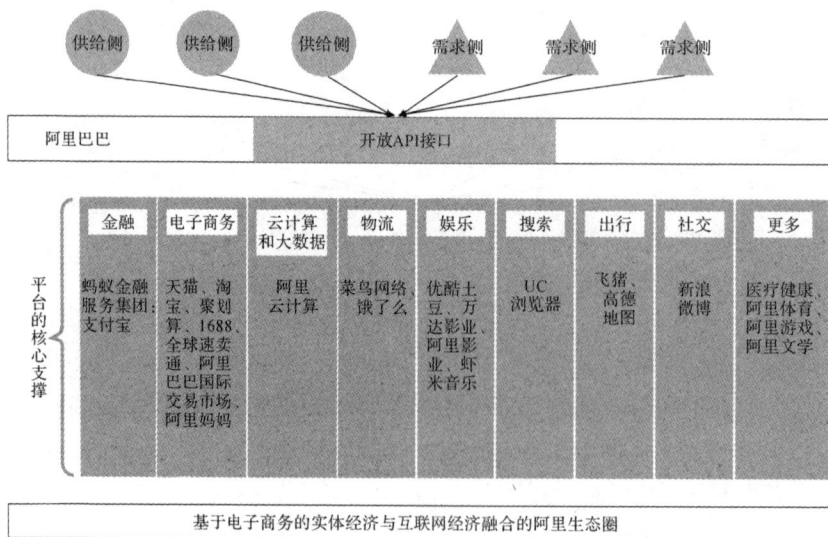

▲ 阿里巴巴平台型企业生态

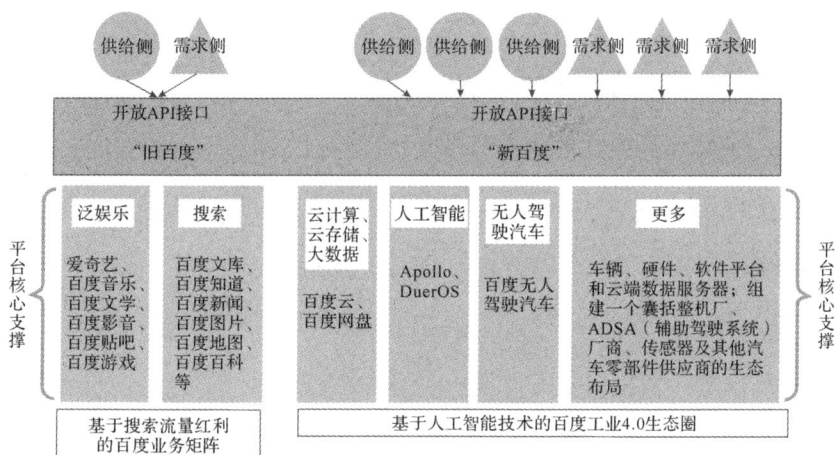

▲ 百度平台发展的新旧比较

通过上面两张图，我们可以清晰地看到三类企业都有清晰的战略定位和精准的行业价值链坐标。百度在战略困惑期其平台价值非常不明显，最终在 Apollo 计划发布后，企业的平台战略才清晰起来。但由于这个平台下方的核心战略支撑和阿里巴巴相比显得单薄，资本市场给出的两家企业的市值差异正是两个平台价值差异的估值反馈。

由此我们也不难理解阿里巴巴、腾讯公司等疯狂参股、收购的背后逻辑：两家平台都足够大，平台下方的战略支撑型企业越多，企业的安全系数越高。对它们来说，赚不赚钱不是最重要的，你有的我必须有，只有这样才有安全感。

（1）平台型机会

平台是双边市场甚至是多边市场，直接服务于供需双方甚至多方。平台型企业的前提是能快速服务于巨量的双边或者多边需求，因此信息基础设施发展到一定阶段后，才会出现平台经济。

平台经济的商业模式主要由三部分组成：

● 第一部分是海量用户入口及由海量用户构成的巨大蓄水池。

● 第二部分是平台提供的高价值的基础服务，将潜在用户转变为平台上的活跃用户。

● 第三部分是在平台规则下的双边或多边市场。双边市场中的需求方是平台沉淀的海量用户，供应方是平台的应用商，也叫作第三方增值服务提供商。

由平台的构成我们不难得出结论：平台的核心价值是链接。

链接人与人，链接人与物，链接物与物。目前我们已经实现链接并产生成功商业模式的"物"，主要指 to C 企业（瞄准个人需求的企业）和个人，所以前些年，B2C、C2C 等词常常出现在对商业模式的描述上。随着技术革新不断推进，链接万物的技术将日趋成熟，届时，这个"物"将会极大地丰富。这样的商业尝试已经发生并将以超出我们预期的速度不断刷新我们的产业认知，比如共享单车链接的就是人和自行车。

当前，平台效应的价值已经形成共识，企业平台化也已成为趋势。但不是所有的行业都适合平台化，只有找到了平台化价值的行业才有机会实现平台化。评判一个行业是否具有平台化价值，主要看四大要素：

● 一是通过建立平台是否实现了行业效率的提升；

● 二是平台的建立是否能带来行业成本的下降；

● 三是平台是否带给第三方增值空间；

● 四是该行业消费的频次高低，频次越高，平台价值越大。

"食云集"是一家集合式外卖平台，租赁大面积物业后，将物业分割出租给品牌小吃店（如吉祥馄饨、大娘水饺等）。"食云集"提供共享的堂食场地，同时对接外卖平台。外卖平台统一下单给"食云集"，"食云集"分发给各家商户。

这个商业模式的设计很好地吻合了以上平台四要素：传统外卖服务中，送餐小哥需要先到分散的门店取餐，再按收单地址分别送达，"食云集"帮他们解决了分散取餐的问题，集中取餐带来了效率的提升；品牌餐饮店单店租赁议价能力弱，通过大面积集中租赁，有效提升了"坪效"，降低了每平方米的租赁价格，统一装修也使得装修成本降低；同时餐饮行业用户有不断换口味的需求，多门店聚合有效地满足了这一需求，"食云集"的出现给了品牌餐饮这些第三方一定的增值空间；外卖、快餐消费频次很高，大城市市场需求规模无须验证。这属于典型的平台化跨界微创新业态，"食云集"获得多路知名投行的青睐也就不足为奇了。

但是，并不是所有的行业都适合平台化。适合平台化的行业要么通过平台化实现交易效率的巨大提升，要么实现渠道成本的大幅下降。所以，在选择平台化之前，企业必须对行业价值链进行深入分析、精确测算；没有这些底层分析，盲目投入平台建设，无异于走进一条看不见出口的地道。成为平台的企业也不是就此高枕无忧，在秒变环境下，任何企业都必须保持迭代升级，即便百度这样规模的行业龙头企业，也在迭代升级之路上经历了"八年之痒"。

案例：百度在迷茫期的战略探索

在 PC 互联网时代，百度几乎垄断了搜索流量，成为人们纵使"恨"它，却依然离不开它的"巨无霸"。所有的创业公司也都慑于百度的威力，在选择创业方向的时候避开它的视线。百度一时间风光无限。

但战场上没有常胜将军，在时代趋势面前，巨人也不过是沧海一粟。

从 2010 年开始的短短一两年时间里，移动互联网以摧枯拉朽之势摧毁了旧有的互联网秩序，也摧毁了百度在十多年时间里辛苦建立起来的竞争壁垒和优势。接下来的五年，百度一直疲于奔命。

在 2011—2013 年的两年时间里，百度一直处于战略迷茫期。作为百度最高统帅，李彦宏对移动互联网一直持抵制态度，甚至在 2012 年 6 月举办的百度联盟大会上，李彦宏的观点依然是"移动互联网像开豪车酒驾，刺激但危险"。

到了当年 9 月，虽然李彦宏的观点有了 180° 转变，但他还是依旧"吐槽"移动互联网的投入远大于产出，忧虑找不到合适的商业模式。

　　此时李彦宏显然已经意识到了危机。但百度还在观望，战略上也只做出了小打小闹的小调整。直到 2013 年 7 月 16 日，百度以向互联网圈投掷一枚重磅炸弹的方式来昭示自己向移动互联网转型的决心。当天，百度宣布以创纪录的 19 亿美元收购 91 无线，押宝移动应用分发，终于迈出了争夺移动入口的第一步。

　　百度的第二步便是推轻应用，试图将长尾应用的开发者拉入自己的怀抱，宣称轻应用可以实现"无须下载，即搜即用；订阅推送，沉淀用户"。这是不是像极了微信公众账号和 2017 年 1 月才推出的微信小程序的结合体？

　　这还不够，百度意识到不管是手机助手还是轻应用，解决的似乎只是线上分发的问题，于是在 2014 年 9 月将轻应用翻新，推出直达号，要从连接用户和信息转向连接用户和线下的服务。这一做法虽以失败告终，但其昭示的转型决心令人鼓舞。这份决心，支撑着百度度过了"百团大战"和舆论炮火，也支撑了其拥抱新趋势的机会成本。

　　当战略重心转移到被称为"第四次工业革命的赛道"——AI 时，百度终于找回了自己的时代。

　　百度的转型之路，是一条让技术找对场景、让产品瞄准用户的经典演绎。在这个技术日新月异的时代，在"一切皆产品"的未来，所有的经营者都必须认识到：拥抱新

技术才能占有行业价值链的一席之地，做出直击消费者痛

点的产品才有参与市场竞争的资格。

（2）平台支撑型机会

共享单车是近几年的风口项目，瞄准自行车容易丢失、难以保管的缺点，创新出共享租用的全新商业模式，在有效解除用户痛点的同时，也有效解决了出行最后一公里的需求。但这个商业模式作为独立商业的价值至今未得到验证，全行业都没有完成商业逻辑的验证。规模小的率先倒闭，行业头部企业也风雨飘摇。

结合平台型商业的几大要素进行分析，我们不难看出：出行最后一公里是刚需，而且消费频次足够高，但共享单车在提升效率和降低出行成本这两大要素上效果不够明显；最为关键的是，共享单车的商业模式无法为第三方提供增值空间，因此，很难成就平台型企业。

虽然不赚钱，行业头部的两家企业仍然先后获得了阿里巴巴的投资和美团网的巨资收购。这背后的投资逻辑是什么？

资本看重的不是共享单车本身的盈利能力，而是其巨大的流量价值。流量价值需要变现场景，而阿里巴巴及美团网背后的资本方腾讯公司都是能提供流量变现场景的不二选择。被纳入阿里生态和腾讯生态之后，共享单车企业的核心支撑价值反倒具有无可替代的优势。也就是说：在平台型企业的评判标准下，共享单车也许不是一个成功的商业模式；但如果定位为平台支撑型企业，行业头部的几家企业就有着巨大的流量价值。

企业平台化之后只要没有形成垄断，仍然无法有效排除竞争。而且，平台的结构日趋复杂，已经不再是简单的孤立产品，而是由一系列大大小小的平台构成的平台群。但不管是大平台还是小平台，都需要有自己的核心支撑。能够成为平台核心支撑的企业，就有了自己的核心价值。

因此，如果没有成为平台型企业的机会，那么，找到自己的平台支撑价值，成为平台的核心支撑也是不错的选择。

（3）平台应用型机会

每一家平台公司，都会带来第三方应用型企业的繁荣。自媒体平台带给自媒体创业者机会，媒体平台成就了一家家第三方品牌传播服务机构，游戏分发平台成就了无数游戏开发商，百度 Apollo 计划吸引了无数的人工智能软硬件开发者……

不同的行业有其不同的行业属性。在多数服务行业，无论是内容服务还是技术服务，提供商都很难产出规模效应，因此，这些行业自身进行横向扩张的时候，未必能带来盈利能力的提升，甚至还会因为管理成本的提高，而使企业盈利有所折损。公关广告行业就是典型的不具有规模效应的行业。

很多广告行业的企业主都有这样的体会。有几个主要客户，在一个地方做一家"小而美"的公司，规模不大，却很健康。但如果开始在异地设立分公司，管理者虽然变得很忙碌，但到年底一算，公司流水做大了，利润却下降了，自己的努力没创造出看得见的价值，而扩张一旦开始就很难结束，管理者被动陷入骑虎难下的尴尬境地。

处于变革期的企业，其经营者是痛苦的，这种痛苦有的来自于在不适合平台化的行业盲目追求平台化机会，有的是赖以生存的竞争优势被新商业势力侵吞，原处于舒适区的企业被迫重新寻找竞争优势。这些企业的经营者必须看清生态，在新的行业价值链中重新找准定位，有了清晰的定位才有参与竞争的机会。行业生态处在秒变环境中，企业经营者们必须定位好企业坐标，才可能有确定的未来。

2.2　三大问题

正所谓机会与陷阱并存，秒变环境带来了清晰的商机，却也蕴含了三大问题：战略迷茫、执行焦虑和团队乱象。

（1）战略迷茫

绝大多数企业都制定了企业战略，这些战略一般都是从德鲁克经典五问中提炼出来的：

- 我们的使命是什么？
- 我们的顾客是谁？
- 我们的顾客重视什么？
- 我们的成果是什么？
- 我们的计划是什么？

德鲁克经典五问是几经验证的战略设计工具。但是，在秒变时代，日益复杂的经营环境（比如互联网平台商业模式）、更大的不确定性（比如技术创新）和意想不到的颠覆性变革，驱使我们必须不断地审视环境变化，探究需求变化，依据变化调整商业模式，从而赢得市场。

但也正因为充满了变化，我们经营企业犹如在本来没有路的戈壁滩前行，很多时候需要摸索前进。有时难免陷入战略迷茫：今天的竞争优势明天可能已经过时；赖以生存的收费项目被新进入市场的"野蛮人"以免费的项目形式取代，企业必须重新找到自己的核心价值。有时陷入战略自嗨：把战略当作标语，但只是抽象的口号，即便决策人自己，也未必能具象化描述清晰且可执行的内涵。

（2）执行焦虑

执行，就是利用有效资源完成企业战略目标的过程。执行力是企业的核心能力之一。

管理企业时，我们常常陷入以下感叹：

企业家都很忙，在外忙招商、找私募、拉风险投资、谈股权并购、申请IPO（首次公开募股），一个个看似高深的商业名词，道出了企业"差钱"的事实。

对内忙管理，计划目标、市场策略、团队绩效、员工矛盾等，虽然工作都分配出去了，结果总是让人不甚满意，只有亲自盯着才能完成。

企业管理科学发展至今，管理理论五花八门，管理技巧名目繁多。它们各成体系，各具优势。企业不是缺理论指导，而是各管理理论在企业内部发生了冲突：董事长崇尚王阳明的知行合一，CEO学习德鲁克的理论经典，COO 希望将刚学的裂变式创新导入企业，CTO 希望每个人都有互联网思维……各流派的理论在团队中交锋，不在一套体系中的管理方法在不同的部门"打架"。

管理乱象、执行不力、团队流失等表象问题的背后大多是管理方法不对或混乱，并由此造成了执行的焦虑。

▲ 企业内部的管理理论互博和管理方法"打斗"

（3）团队乱象

每一家公司都希望拥有一支"梦之队"，面对市场如狼似虎，面对对手势如破竹，他们所向披靡、战无不胜，他们众志成城、直达目标。

可现实中，团队问题却占据了管理成本的很大部分，比如：

小公司找不到"牛"人；

花很大的代价引进的"大拿"却没能发挥出应有的价值；

给出了高于同行的薪资，却留不住人才；

每个人能力都不错，组合成团队却缺乏战斗力；

员工刚进公司时工作态度积极，可一段时间后就慢慢变得消极了；

都是很有能力的领导，部门之间却山头林立；

平时对员工特别好，可员工离职的时候却显得"翻脸无情"；

工资开得不低，可团队总抱怨收入不高；

一直要求员工要有"老板心态"，可工作上他们总是缺乏协作精神；

花了很大代价请来很多名师做培训，可团队执行力仍然不达预期；

……

关于团队的乱象还有很多，每一家企业在创立之初都会怀揣梦想。梦想启航的时候，就一定面临定方向、组班子、建团队这三个急迫的问题。但很多企业在没有走错方向的情况下，仍然没能成功实现目标，其中最重要的原因就是团队出了问题。

阿里巴巴著名的"中供铁军"有句名言："团队不是招聘出来的，而是打出来的。"这个"打"指的就是迭代过程，同时也道出了团队建设的真谛——在竞争中优胜劣汰。

秒变时代，营商环境在快速变化，企业组织也在不断变化，组织内部的每一支团队、每一位个体同样在秒变中。面对这样复杂的环境，我们该如何应变？

第三章　把握机会的核心竞争力：迭代力

互联网如同魔术师的手杖，变幻出数不清的商业机会，成为推动产业乃至经济社会发展的最强技术力量。无论大公司还是创业者，都在探索新技术和新机会。在这个时代，已经没有明确的先行者为我们指引，也没有可以循蹈的路标和方向。一切都充满了未知的可能性，同时也遍布陷阱。

我们已经进入创新型经济时代，它正在不断颠覆和改造各行各业：摧毁沾沾自喜的领先者，淘汰麻木不仁的守旧者；上一秒还是"独角兽"，下一秒就被淘汰出局的故事越来越常见。同时，它也毫不吝啬地奖励创新者——"独角兽"层出不穷，新模式野蛮生长。面对快速的变化，管理理论的迭代速度赶不上经营活动的实践创新，特别是移动互联网对经济生态的颠覆，令经营者措手不及并深感忧虑，担心下一个被整合的对象就是自己。

3.1 大熊猫陷阱

我们在解释新事物的时候，都会自然而然地联系已知的旧事物。例如，汽车曾经被认为是"不用马拉的马车"，电视是"有画面的收音机"，这种依托旧概念的框架理解新事物的方式，会严重影响我们对新生事物的认知。习惯性地用旧的认知去理解新生事物会误导我们对真相的观察和认知，从而使我们错失绝佳的商业机会，乃至被时代吞噬。这时候，前一时代的积累，很可能成为下个时代的负资产。因此，也许我们一直在学习，却始终赶不上变化。

和其他动物一样，大熊猫的祖先也经历了一次又一次大迁徙。它们迁徙至我国秦岭一带后，觉得这里温度适宜、食物充足，便以竹子为主食，就此驻足繁衍，生活得无忧无虑。然而竹子会周期性地开花，然后大面积死亡，这对大熊猫的生存造成了严重威胁。繁殖力低、存活率低、栖息地环境变化这些因素，导致大熊猫越来越稀有。熊猫固守惯性思维，无力应对外界环境变化，也是其中一个不可忽视的原因。如果没有人工保护，我们很可能早就无法见到憨态可掬的大熊猫。

事实上，地狱常常以天堂的方式出现，天使也常常以恶棍的面孔登场。

伟大的创新都是在质疑中被验证的。从"看不懂"到"看不上"，到最后"来不及"，创新商业的机遇就这样被一次次错过。在一次次错过后，人们开始心生焦虑，内心充满了不安全感，可是"拿着旧地图，注定找不到新大陆"。

如果试图找到足以应付竞争的永久性技能，那么我们就无异于大熊猫，会引发自我的退化。还好，面对变化我们能够心生焦虑；而真正能消除焦虑的，唯有迭代。

3.2　什么是迭代力?

什么是迭代?

以最低的成本在不断试错中持续改进产品和服务的过程，就叫作迭代。

企业从用户需求出发，完成最小可商业化模式闭环后，才具备持续经营的条件。在实现最小可商业化模式闭环和未来持续经营的过程中，早试错、快试错、常试错，并在试错中持续完善的能力，就叫作迭代力。

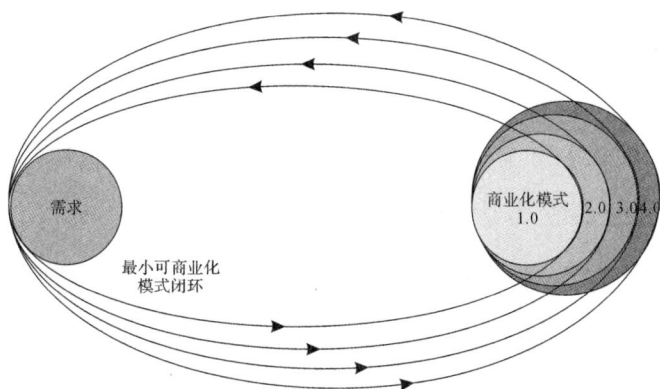

▲ 迭代力赋能原理

迭代力包括战略迭代能力、执行迭代能力、团队迭代能力和迭代创新能力。战略迭代能力可以持续帮助企业找到独特的价值坐标和创新的商业模式；执行迭代能力保证价值坐标和商业模式按预期的设定落地；在企业经营的全过程中，无论是战略迭代还是执行迭代，都须依赖团队完成，因此团队迭代能力是成功完成战略迭代和执行迭代的必要前提；迭代创新能力是在快速变化的时代实现出奇制胜的最佳手段。

今天，无论多么成功的企业，追求和保持长期竞争优势都已经越来越难。企业必须紧盯消费者需求，不断尝试新的价值坐标和商业模式，在变化中不断发现和把握新机会，从而不断获得"瞬间优势"，持续"赢"领时代，成就卓越。

3.3 卓越企业四要素

卓越企业必须具备的四大要素：独特的价值坐标、创新的商业模式、清晰的商业计划、超强的执行能力。

● 价值坐标：通过体验、购买或分享产品及服务，使用户得到期望的利益。

● 商业模式：企业将实现价值坐标的过程固化成一套模式，从而形成可持续的价值变现能力。

● 商业计划：实现商业模式的行动规划。

● 执行能力：商业计划实现的能力保障。

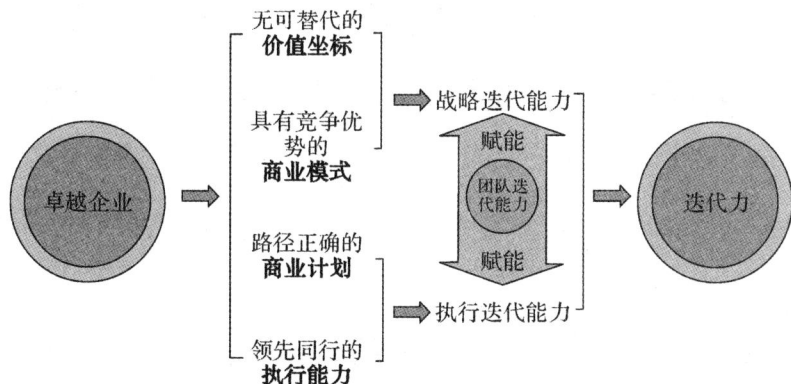

▲ 迭代力为企业赋能路径

阿里巴巴的价值坐标曾经是：构建服务中小企业的网络基础设施。基于价值坐标而提出的企业愿景是：让天下没有难做的生意。基于独特的价值坐标，其设计的商业模式是：电子商务平台。在此基础上，阿里巴巴经历了多轮战略迭代。

▲ 阿里巴巴的战略迭代

在秒变时代，我们的营商环境充满了各种不确定性，复杂的不确定性令商业世界充斥着风险。过去我们防范风险总是通过不断预测，力争预判风险，从而控制风险。但今天的变化速度已经远远超出了我们的预判能力，当"黑天鹅事件"成为常态，预测和控制风险变得几乎不可能，因为可以防范的都不叫风险。

但无论外部世界如何变化，商业的本质是不变的：一切商业都是为了交易。如果我们能够形成应对外部变化的自适应能力——基于商业的底层逻辑建设企业的迭代力，那么，企业经营过程中的战略迷茫、执行焦虑和团队乱象都将迎刃而解。

当下，这种能力已经成为秒变时代企业的核心竞争力。

3.4　适用对象

无论个人或团队从零开始创业，还是成熟企业希望保持领先优势，形成自身的核心竞争力，在这个秒变的环境下，都需要迭代力。

对企业来说，迭代的结束就是衰退的开始；对个人来说，迭代的停滞就是职业价值下降的起点。

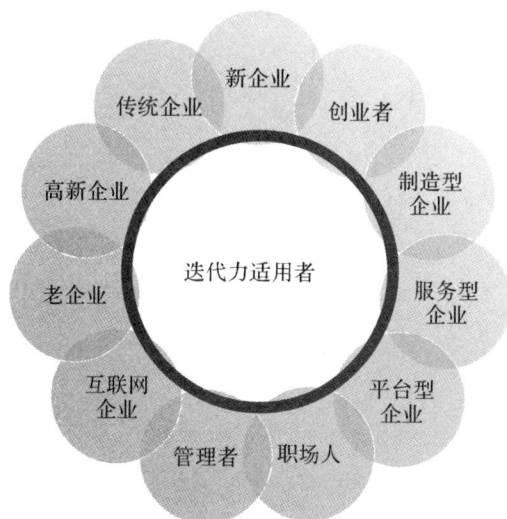

▲ 迭代力适用者

如果你是以上组织或个人中的一员，并且认识到了迭代力的无限价值，那么就以成就卓越企业为目标，开始学习如何打造迭代力吧。

第二篇 ▷

打造迭代力

迭代力不是管理理论，而是一种内在能量，一套方法论。因此，它和世界上所有的先进理论和方法都不冲突，反而是能使各种理论和方法效果最大化的基础方法论。

我们在确定企业的战略目标时，可能会选择德鲁克的战略分析方法；在寻找企业的核心价值坐标时，可能会参考《价值主张设计：如何构建商业模式最重要的环节》或者特劳特的定位理论；在进行企业商业模式设计时，也许会阅读《商业模式新生代》，或者反复看任正非、马云等成功进行商业实践并取得巨大成功者的演讲。

在战略目标的执行过程中，企业需要借助各种管理理论、方法和工具进行日常管理，如菲利普·科特勒的6P理论、PDCA（Plan、Do、Check、Action）循环管理理论、波士顿矩阵、SWOT分析法等。

为达成目标，企业也需要打造一支具备超强执行能力的高效能团队，对于招聘、培训、激励、考核、薪酬、晋升等方面的各种专业理论和培训课程都可以从容选择。

无论学习谁的理论、导入什么管理方法、使用哪些管理工具，我们都很难避免认知中的两大障碍。

第一，效果延迟。

用热水器放水，先放出的一定是水管里存留的冷水，这种现象叫作效果延迟。我们的认知也会效果延迟，它会严重干扰我们的认知系统做出正确的判断。

2011 年，人们说数码相机会迅速取代胶卷相机，但戏剧性的是：柯达公司这一年的销售额达到了历史峰值。于是柯达认为这一行业还有较好的前景，没有采取任何转型措施。但是事实正好相反，胶卷行业在 2012 年后的几年时间内销量急转直下，只有少数特种企业在维持着少得可怜的销量。事后复盘才发现：当年较高的销售额只是因为竞争对手纷纷退出市场，不多的市场份额才全部集中在柯达公司身上。

第二，意识雷达。

意识雷达也就是我们日常所说的"先入为主"。我们常常在头脑中事先植入某种框架，这种框架导致人们只对某种事物感兴趣。就如同怀孕后的女人会觉得满大街都是孕妇，购买了特斯拉的人很容易发现众多特斯拉在马路上奔驰……其实，并不是大街上的孕妇和马路上的特斯拉多了起来，只是我们的认知雷达对特定的事物产生了兴趣。

这些存在于我们认知中的"负资产"，是干扰我们做出正确决策的潜在障碍，亟待剥离。然而，因为它是与生俱来的，存储于潜意识中，所以很难完全清除。只有具备迭代力，我们才能将先进的管理思想、高效的管理方法和历经验证的管理工具用得恰到好处，并且对效果做出清晰判断，通过循环迭代优化效果，力求以最低成本成就卓越企业。

第四章　定位企业的价值坐标

柳传志提过"创业三部曲"理论，即定方向、搭班子、组队伍。这句话充分表达了企业战略方向对于企业的重要性。但止步于此显然是不够的。明确企业的发展方向后，可以进一步明确企业的使命和愿景，如果不能形成清晰的战略目标，并基于目标制定可执行的战略计划，多伟大的梦想也只能是空想。

确定企业的战略方向不是一件容易的事。无数企业都在方向问题上付出了巨大代价，甚至无以为继，最终不得不卖身他人或投子认输，落得一声叹息。时代抛弃你的时候，你连说声再见的机会都没有。

正所谓不忘初心，方得始终。商业的本质是交易，交易的前提条件是有人卖有人买。在卖方市场，卖什么就是初心；在买方市场，希望买到什么才是原点，也就是我们日常所说的需求。在几乎全行业产能过剩的当下，无论企业的理想有多高、梦想有多远，都必须回归原点，寻找需求。

无论企业处于什么行业，销售什么产品，规模有多大，其商业的底层逻辑是不变的：第一，找到需求；第二，做出产品，满足需求；第三，完成交易，获取利润。这是一个完整的交易闭环。

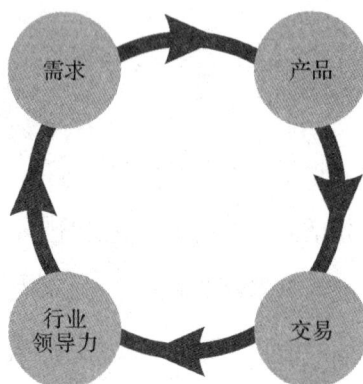

▲ 交易闭环

但是，在平台化时代，仅仅做好一门生意是缺乏战略竞争力的，今天赖以生存的业务很可能在一夜之间就被新的商业模式冲击得荡然无存，也可能被获得资本加持的同行以杀敌一千自损八百的野蛮方式打得体无完肤。

只有从需求出发，在商业底层逻辑分析的基础上，定位企业独特的价值坐标，设计企业具备核心竞争优势的商业模式，努力在细分行业做成头部企业，才真正具有安全边际。也就是说，只有具有行业领导力的企业才是安全的。

正如哥伦比亚商学院教授丽塔·麦克格雷丝（Rita McGrath）所说：今

天的企业，必须发展迅速并且具有不断创造新机会的能力，而不是寻找越来越难以为继的长期竞争优势的能力。

在秒变时代，企业获得长期优势越来越难，有没有一套方法帮助企业不断寻找新需求、创造新需求，并据此形成现实优势？答案是培育企业的战略迭代能力。

下面，就让我们沿着企业战略地图，利用迭代力矩阵来完成企业的战略迭代。

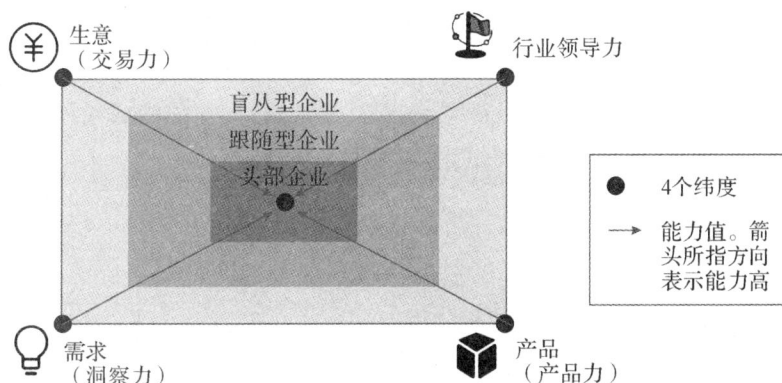

▲ 企业行业领导力形成态势

4.1　什么是价值坐标？

我们下海捕鱼，首先要选择鱼多的海域，这是行业选择；其次希望捕到尽可能多的鱼，这是战略目标；最后会想办法捕鱼，这就是战略目标的实现路径。而我们之所以捕鱼，要么为了自己吃——这不是商业行为，要么一定有人需要鱼——我们通过卖鱼能获得回报。这才是一切商业的原点——从用户需求出发。

复杂的商业环境下，研究人比研究生意本身更重要。找准了需求就成功了一大半。

而志存高远，把行业领导型企业作为发展愿景，企业才有从容生存的可能。

如果需求是一切商业的起点，行业领导型企业是我们希望抵达的目标，那么两者之间的连线就是企业发展的路径。在这条路上有三个困难：从需求到产品，从产品到生意，从生意到行业领导力。这三个困难，想要跨越任意一个都殊为不易。企业只有以背水一战的决心、直面竞争的勇气和洞察本质的智慧实现成功跨越，才能实现卓越的梦想。

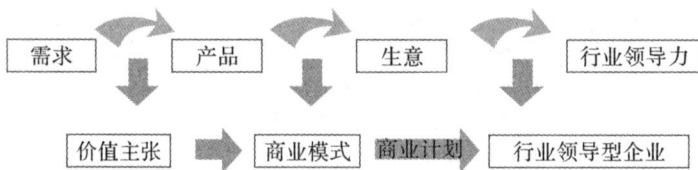

需求 → 产品 → 生意 → 行业领导力

价值主张 ➡ 商业模式 ➡ 商业计划 ➡ 行业领导型企业

▲ 战略三级跳

几乎所有的产品都为满足需求而生，也几乎所有的产品提供者都认为自己提供的产品是最棒的，但是只有少数产品能够占领消费者的心。

因此要找准消费者需求，并将需求变为产品，并非易事。也正因为很难，所以一旦找准了消费者真正的需求，并做出产品，使之很好地满足这一需求，该产品就会带来巨大的商业价值。企业的价值也就体现在此：你为消费者带来了什么价值？和竞争对手比较，你有什么独特的价值？

企业价值在消费者心中的定位就是企业的价值坐标。企业的价值坐标包含两层含义：一是消费者能通过企业的产品或者服务获得什么价值，二是这个价值的与众不同之处能用简单的语言清晰描述。

探寻价值坐标的过程就是分析需求与供给的过程，即他们需要什么？我能给到他们吗？项目如果有其存在的价值，那么一定有一群人需要它。那么，他们是谁？项目给他们带来了什么价值？

▲ 需求与产品的匹配关系

很多时候，消费者并不清楚自己需要什么。

当你问消费者想要一辆什么样的汽车时，大部分消费者会提出"动力好""省油""安全性高"等具体要求；可是当你按照市场调查的数据去精确制造这样一辆汽车时，往往会发现消费者并不买账。为什么？难道消费者说谎了吗？

其实这些接受调查的消费者并没有说谎，他们说的是他们所相信的真话。

他们之所以这样说，是因为他们真的不知道自己想要什么，但是又不得不对这个问题给出一个合理的答案。

乔布斯说："消费者其实并不知道自己到底需要什么，直到我们把产品送到他们手上。"这样的说法不无道理。但严格来说应该是：除了本能需求，消费者其实并不清楚地知道自己需要什么。

是的，人们对什么影响了自己的选择几乎毫无意识。就像一个调查的结果显示：几乎所有的消费者都承认漂亮的车模影响了大众对汽车的偏好，但是他们又否认自己在买车时受到了车模的影响。

既然消费者未必清楚自己的需求，那么如果企业能做到比消费者更懂他们自己，就可以做到发现需求、引领需求甚至创造需求，并且根据需求做出产品，找到自己清晰的价值坐标。

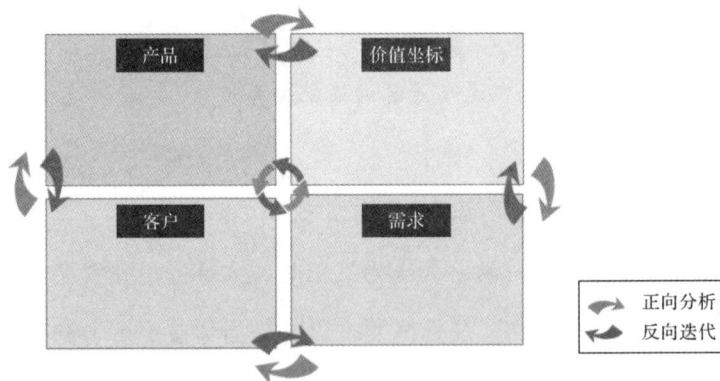

▲ 价值坐标矩阵

寻找企业价值坐标时，必须先定位产品的目标客户是谁，接着找出客户未被满足或满足得不够好的需求是什么，然后思考拿什么产品满足需求，最后提炼出产品带给客户的价值,并用客户容易理解的语言描述企业价值坐标。比如说,提到海底捞,大家就想到它的服务很好;说到电子商务,大家就觉得淘宝网上商品丰富,而京东的物流更加高效;等等。

下面,我们以瑞幸咖啡(luckin coffee)为案例,通过全程分析这家企业"从需求到产品,从产品到生意"的商业闭环过程,来看一看企业是如何提炼独特的价值坐标,进而形成有竞争力的商业模式的。

▲ 瑞幸咖啡

4.2　第一步:客户是谁?

几乎所有的产品都会瞄准一个人群,但这个人群只是潜在人群,而非目标人群。初始阶段,因为人力、物力、财力等各种条件的限制,项目不可能满足所有潜在人群的需求,必须有所取舍。

目标人群在整体方向上是一致的,但是其中的个体差异非常大。比如在一个班里,所有人的老师都相同,但学习成绩的差别非常大。所以为了让需求定义更准确，还要将目标人群分成不同的角色，划分不同的维度，随产品不同而不同。

比如同样在一个班，根据学习的科目可以划分成学语文的、学数学的、学外语的等；而根据角色又可以划分为学生、老师、家长等；根据成绩好坏，还可以分为尖子生、优等生、次等生等。每一款产品都要在明确细分用户后找到自身的核心价值。

用户角色划分后，用户的形象依然十分模糊，这时候就需要使用用户画像的方法，构建一个或多个典型用户，用典型用户代表该用户群体。

典型用户的模型中通常会包含性别、年纪、工作、收入、地域、情感、目标、行为等。但需要强调的是：这个典型用户并不是真实的用户，而是代表所有具备条件的虚拟用户。

新旧用户画像方法差异表

传统方法 社会经济特点	
将消费者按社会经济特点进行分组	
案例：某连锁电影院的用户画像	1.某明星的影迷 2.20~30岁 3.中产阶级以上 4.年收入10万美元以上 5.已婚，两个孩子 **看电影的偏好** ·喜欢动作片 ·喜欢爆米花和苏打水 ·不喜欢排队等候 ·在线购买电影票 ·每月看一次

新方法 专注于客户的痛点需求及利益关切		
通过绘制客户画像，专注于发现什么是真正吸引客户的，而不仅仅是描述他们的社会经济特点。研究什么是客户试图去获得的，以及他们的潜在动机、目标及障碍。这样将拓宽视野，以发现新的或更好地满足客户需求的机会。		
案例：某连锁电影院的用户画像	痛点需求	·交通用时较长 ·选择有限 ·浪费时间 ·拥挤、排队 ·票价贵 ·放映时间不合适 ·故事太复杂 ·停车不方便 ·刺激眼睛
	利益需求	·朋友的评论 ·舒适 ·花费不多 ·一次美丽的邂逅 ·代入角色 ·不想错过精彩剧情
	基本需求	·娱乐 ·与某人分享 ·放松 ·拥有最新热点作为谈资 ·逃避现实生活

从零开始的产品，往往比较简单，随着产品功能的增加和用户规模的扩大，分析起来就会越来越复杂。比如，ofo 小黄车兴起于清华大学和北京大学，最初以这两所学校的学生为用户模型，慢慢地向全北京的高校扩张，继而向全国扩展，各类人群都可能使用，最终用户模型变得异常复杂。这就需要团队具有超强的迭代力。

国内的咖啡连锁品牌整体起步较晚。1999 年，中国人开始消费咖啡的时候，星巴克便在北京国贸开了首家门店。此后，中国人对连锁咖啡和速溶咖啡的印象便被星巴克和雀巢这两家外国品牌包揽了。爱喝茶的东方人对西方文化的好奇与阶级优越感，支撑着星巴克大张旗鼓地在国内拓展。

欧睿国际发布的数据显示，2017 年星巴克在中国地区的门店数量占连锁咖啡品牌门店总数量的 61%，远超占有比例为 12% 的第二名。在一线城市的人看来，连锁咖啡即等于星巴克。

2017 年，一家叫作 luckin coffee 的本土咖啡品牌以国货形象和对 80 后、90 后需求的更精准把握，叫板星巴克。

瑞幸咖啡团队首先分析锁定了目标用户：第一，被外资企业浸染过咖啡文化的 70 后、80 后；第二，好奇型的 90 后咖啡消费者；第三，对外来文化更容易接纳的职场白领。

接下来就需要对目标客户的需求进行分析。

4.3 第二步：需求分析

需求分析第一步：做出清晰的用户画像。市场惯用的用户画像工具很多，我们不做重复的介绍。

客户需求可分为三大类：基本需求、痛点需求、利益需求。消费者的需求常常被惯性、疑虑、懒惰、习惯、冷漠伪装起来，只有移情到用户场景，才能发现潜在需求。

基本需求是指客户在工作或者生活中，正在或者需要完成的事项，包括待完成的任务、需要解决的问题。基本需求可以分为三大类，分别是：社会性需求，比如管理者希望提升管理能力等；情感性需求，比如提升职业技能从而获得安全感；支持性需求，例如淘宝刷好评等。

痛点需求是指对客户工作或生活造成障碍或潜藏着风险，需要被解决的需求。例如共享单车，满足的就是出行最后一公里的痛点需求——叫出租车成本太高，走路又需要不少时间，如果迟到会被扣钱。

利益需求是指客户收获的功能效用、社会收益、积极情绪及省下来的成本。所谓让用户尖叫，就是给到客户令其惊讶的利益，收益描述越具体、越具象，越具有需求价值。比如客户希望变美是不够具象的，客户希望变得像林志玲一样美则是具象的。

市场上关于需求分析的工具很多，只要你愿意，就一定能找出值得开发的高价值需求。

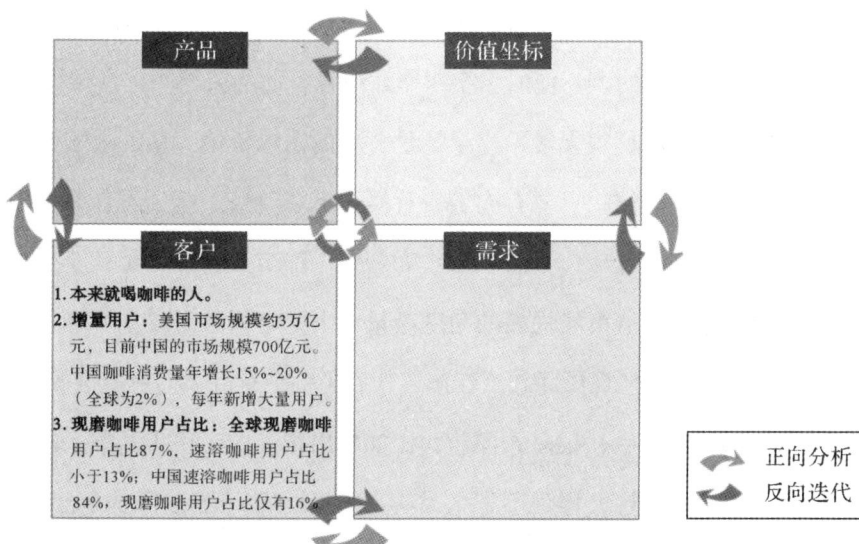

产品		价值坐标
客户		需求

1. 本来就喝咖啡的人。
2. 增量用户：美国市场规模约3万亿元，目前中国的市场规模700亿元。中国咖啡消费量年增长15%~20%（全球为2%），每年新增大量用户。
3. 现磨咖啡用户占比：全球现磨咖啡用户占比87%，速溶咖啡用户占比小于13%；中国速溶咖啡用户占比84%，现磨咖啡用户占比仅有16%。

正向分析
反向迭代

▲ 瑞幸咖啡的客户群体分析

找到用户需求后，还需要对需求价值进行评估。需求价值包括需求的刚性、需求的频次及满足这一需求的市场规模大小。那么，如何进行需求价值评估呢？

我们可以结合场景将尽可能多的需求进行罗列，然后按客户感知的重要程度、痛点的严重程度、达成收益的期待程度进行分级排序，最后结合马斯洛需求等级理论进行比对分析。越是接近本能的需求，价值越高，比如：男人好色、女人爱美、老人怕死、小孩怕笨，所有人都想偷懒，所有人都怕错过赚钱的机会。

人们在等电梯的时候，一般等待的时间是 1~2 分钟，这个时间，做点什么都嫌时间短，不做点什么电梯又迟迟不来，特别无聊，特别焦虑，尤其人多的时候，眼睛都不知道放在什么地方。有一个人发现了这一情况，在电梯门口挂了一块广告屏，让大家可以在等待的时候看广告。这是为数不多的把广告做得不让人讨厌的人，他的名字叫作江南春。他的公司叫分众传媒。

他发现了"等电梯很无聊"这个场景背后的需求价值：从需求刚性角度来说，这么无聊的时候，只要有内容看看缓解无聊就好，至于看什么，因为时间短，大家不会去计较；从需求频次来分析，都市人群平均每日至少坐电梯 2 次，频次很高；从市场规模的角度考量，中国电梯数量以千万计，每天乘坐电梯的人次达几亿规模。因此，江南春找到了一个有巨大商业价值的需求。

分众传媒成功以后，很多人模仿，比如在出租车内、洗手间里、医院候诊室等地方装上液晶屏，但都不怎么成功。归根结底，还是不同场景导致的需求价值差异巨大。

　　瑞幸咖啡团队根据中外咖啡销量数据对比，认为中国现磨咖啡市场有需求，有巨大的市场机会。原神州专车团队也携巨资介入了这一行业。

　　我们常说，生活的难点背后一定隐藏着商业机会。没错，生活的难点意味着用户的某项需求未得到满足，这个需求背后一定隐藏着商业机会。但在大多数时候，这个需求不是即时的，在非即时需求背后的只能算潜在的商业机会，只有当需求达到某个临界点，才会成为即时需求。所有商业都是发现需求—满足需求—完成交易的闭环过程。

（1）需求定位

　　需求来自内心。有的需求是表象，很容易被发现，容易被发现的需求往往已经是红海市场。有的需求隐藏较深，需要认真观察生活，在生活中找到隐性需求的外在表现。

　　我们在发现需求后，可以参照马斯洛需求层次理论进行精确的需求定位。

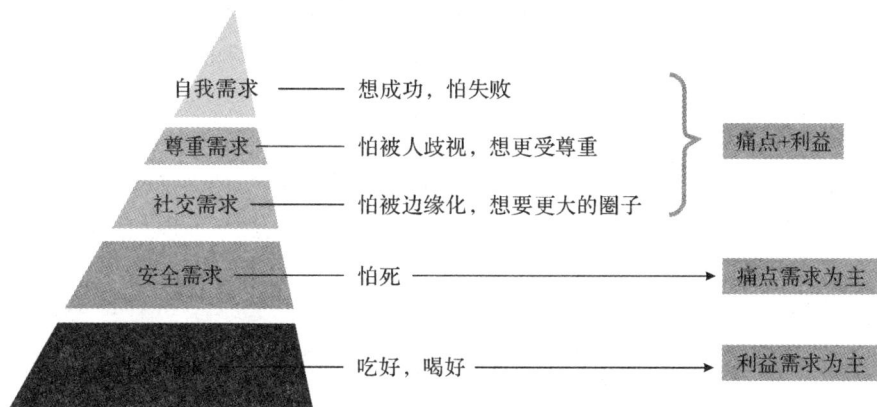

▲ 需求价值定位

不同需求层次的核心关注差异很大，需求等级越低，对效率和成本的要求越高；需求等级越高，对体验的要求相应越高，对精神产品需求越大。需求等级越低，更喜欢看得见摸得到的有触感的产品；需求等级越高，对虚拟产品的需求越大。

（2）需求分析

不是所有的需求都有商业价值。比如在月球举办婚礼，在未来相当长的时间内都没什么价值。

发现了有价值的需求，接下来就要做两个维度的分析：价值有多大？是否有机会？

需求价值 = 频次 × 刚需。价值的大小和需求的刚性与频次正相关：刚性越高，价值越大；频次越高，价值越大。当刚性和频次都很高，这个需求就是痛点；当刚性和频次一项高一项低，这个需求可能是痒点。痛点是最具商业价值的机会点，痒点市场近年来通过大资本推动也有诸多成功案例。

当需求价值得到确认后，我们的重点应该转移到市场分析上面：针对这一需求，市场上出现了哪些产品？它们的核心价值分别是什么？各自取得了怎样的市场地位？我们切入这块市场的机会点在哪？差异化在哪？核心优势是什么？

比如说，社交是大众需求，这个需求产生的背景可能是独生子女较多和快速城市化等，因此在社交这个表象需求的背后，一定有更为具体的细分需求：有的想排解孤独，有的希望结交异性，有的想认识同好，等等。

需求分析的最终目的是：找到未被满足的消费者需求，发现需求背后的价值，并做出产品满足需求，或者比竞争对手更好地满足需求，从而完成战略迭代方法论中从需求到产品的第一次跳跃。

需要提醒的是，刚需不仅指痛点，还包括核心利益需求。比如希望自己像林志玲一样美，在支付能力不再是制约因素的时候，这个利益需求成就医美行业的千亿级市场。

瑞幸咖啡认为中国现磨咖啡消费市场存在三大痛点：一是可选择的品牌少，二是不便宜，三是不方便。

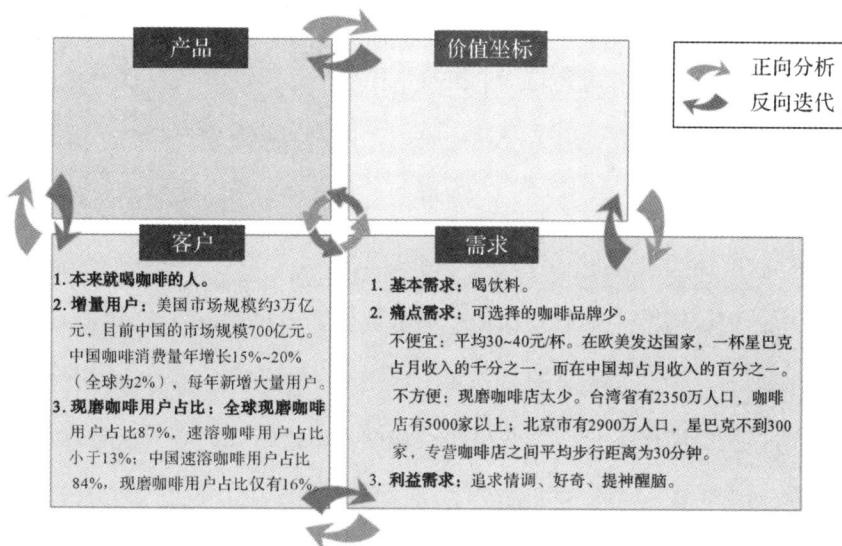

产品		价值坐标	

正向分析
反向迭代

客户

1. **本来就喝咖啡的人。**
2. **增量用户：**美国市场规模约3万亿元，目前中国的市场规模700亿元。中国咖啡消费量年增长15%~20%（全球为2%），每年新增大量用户。
3. **现磨咖啡用户占比：全球现磨咖啡**用户占比87%，速溶咖啡用户占比小于13%；中国速溶咖啡用户占比84%，现磨咖啡用户占比仅有16%。

需求

1. **基本需求：**喝饮料。
2. **痛点需求：**可选择的咖啡品牌少。

   不便宜：平均30~40元/杯。在欧美发达国家，一杯星巴克占月收入的千分之一，而在中国却占月收入的百分之一。

   不方便：现磨咖啡店太少。台湾省有2350万人口，咖啡店有5000家以上；北京市有2900万人口，星巴克不到300家，专营咖啡店之间平均步行距离为30分钟。
3. **利益需求：**追求情调、好奇、提神醒脑。

▲ 瑞幸咖啡（luckin coffee）的客户需求分析

4.4　第三步：产品价值

产品价值的定义是：产品带给消费者的价值。因为很多价值没有量化指标，因此，我们描述产品价值的时候，更常说的是产品的价值感。

产品包括有形产品、无形产品、数字产品、金融产品等。产品都是为了满足需求而生的，也就是说，我们都是根据用户需求来设计产品的。产品价值的高低取决于产品满足的是高价值需求还是低价值需求；是克服了痛点，满足了利益，还是缓解了痛点，部分满足了利益；解决的是痛点问题还是痒点问题；只是功能上解决了，还是功能上和体验上都给出了超预期结果。

同时，产品定位将决定企业未来的商业模式。因此，这里所说的产品指的是售卖的产品本身和未来商业模式的总和，而不仅仅是售卖的"商品"。

前面我们分析过未来商业的三个机会：平台型机会、平台支撑型机会及平台应用型机会。我们开始思考产品的时候，首先要确定产品定位：是做一个综合产品或垂直产品，还是做一个支撑型产品或有核心支撑价值的商业产品，抑或好好地做一个小而美的平台应用型产品？

决定产品定位的四大要素分别是：需求价值、用户基数、竞争环境和资源条件。原则上，当产品满足的是双向用户需求（供给方和需求方）且用户基数够大时，可以考虑平台型商业机会；如果是单边市场，则只能考虑平台支撑型商业机会；而大多数专业能力突出、综合能力不足的产品则可以定位为平台应用型产品——其实，小而美也挺好的。

有了清楚的产品定位后，还需要充分利用 SWOT 分析工具，与竞争对手进行反复比对，找出自身优势，确定营销渠道或者运营策略，最终形成商业闭环。完成这一过程，也就完成了需求确定后，从产品到生意的第二次跳跃。

这个阶段，是企业经营最痛苦的时期。有的企业始终做不出用户体验良好的产品；有的企业的产品与竞争对手比较并无优势；有的产品虽然不错，但运营起来却达不到预期的效果；也有的产品有非常多的用户，却始终找不到变现路径。

从需求到产品的跳跃是商业经营的第一道坎，跳不过这道坎，所有的梦想都是空想，大约80%的项目都止步于此。有的几经折腾，最终不得不抛弃梦想，选择苟活；更多的竭尽全力也无法跳过这道坎，从此沉沦。而成功跨越这道坎，就离卓越企业更近了一步。

瑞幸咖啡的产品，是基于中国现磨咖啡市场的三大痛点设计的：走品牌直营店的道路，保证服务不走样；快速开店，保证服务半径；送货上门，解除购买不方便的顾虑。瑞幸咖啡的产品满足以上设计细节（口感、包装等）的要求。

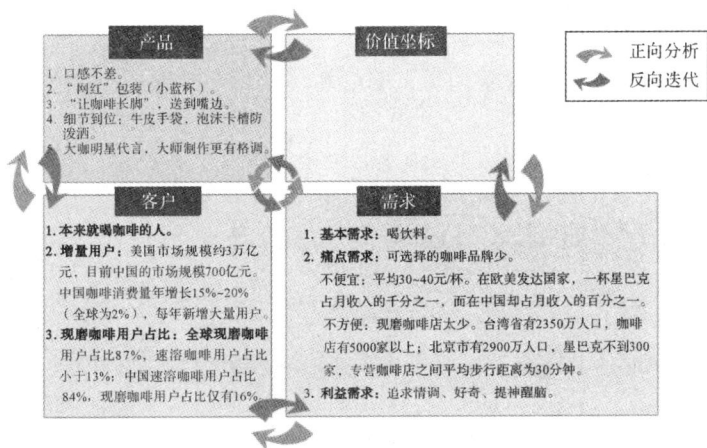

▲ 瑞幸咖啡的产品设计分析

4.5　第四步：行业价值分析

所有的成功都源自一个伟大的开始。不管是创新创业还是企业转型，相信所有的企业家或创业者都有一颗伟大的初心——有的想改变世界，有的想改变行业，有的想把企业带上新的巅峰。但这份初心，大多数时候是朦胧的、感性的、不够具象的。

看到《奇葩说》很火，就想做互联网内容；看到咪蒙成功，就想复制其内容运营模式；共享经济成为风口，就想着找一款通用产品，力求站上风口；新零售风生水起，立马组建团队干起了无人货架……

看不清行业价值，很容易造成企业战略定位反复摇摆；战略定位的摇摆导致执行团队的试错成本高昂，最后团队疲惫不堪，信心丧失，有的选择离职，不离职的也懒得思考；资金压力也会越来越大，企业变成了迷途的羔羊。这样的状态很难吸引到投资人的注意，企业很可能陷入生存危机。老板投入了时间，付出了激情，却离最初的梦想越来越远。

企业进行战略迭代之前，有必要做好一项准备工作：找到企业的行业价值链坐标。评判一家企业在行业价值链上的位置，最简单的方法是使用波士顿矩阵。

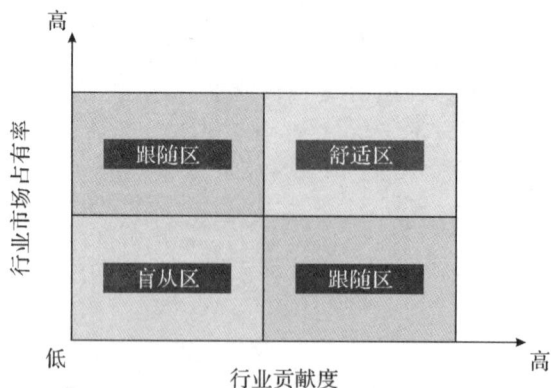

▲ 波士顿矩阵

　　行业价值包括很多要素：行业聚集资源的能力（是否为风口行业），市场规模，行业规模集中度，行业技术变革是否能带来增量市场，行业盈利能力，以及行业的社会接受度，等等。而企业在行业中的价值表现为两大指标：在行业市场占有率越高的企业，其在行业价值链上的位置越高；行业贡献度越高的企业，在行业价值链上的位置也相应越高。两者相交的点就是该企业的行业价值坐标。

　　依据行业价值坐标，分为以下三个区域：舒适区、跟随区和盲从区。我们一般将舒适区的企业称作头部企业，也就是行业的领导型企业。企业领导力的大小决定企业的价值排位。

　　在互联网时代，行业价值链变得更短了，不能成为头部企业就很难有生存空间，行业内几乎不存在跟随者和勉强活着的企业。于是我们将企业的行业价值链坐标表述为一个更简单的指标：行业领导力。

　　拥有行业领导力的企业在资本市场中往往会被投资者给出很高的溢价，具有典型的马太效应。

　　2000 年以前，四川长虹是中国 A 股市场表现非常好的公司之一，制造业的繁荣让各细分龙头企业站在了行业价值链的顶端。

　　2002 年以后，消费大爆炸成就了大消费行业的细分龙头，万科登顶房地产行业市值之冠，伊利成为乳业巨头，各大卖场品牌都实现了高速扩张。

　　2010 年以后，互联网消费接棒行业趋势，大平台、大生态开始显现出无与伦比的行业价值，头部企业纷纷站上行业价值链的巅峰。以阿里巴巴和腾讯为代表的互联网企业成为世界性巨头。

2017 年年底，大润发超市被阿里巴巴全资收购，创始人黄明端的一句"我战胜了所有对手，却输给了这个时代"引发无数共鸣。究其根本，黄明端并不是输给了这个时代，而是输给了自己。

互联网时代是赢者通吃的时代。这个时代的常态就是：要么"吃"了别人，要么被人"吃"掉。这一切都是因为行业价值链发生了变化：原来处于行业价值链舒适区的企业，其核心竞争优势被颠覆了，企业变得"不舒服"了。价值的下降使企业在行业价值链上的地位快速下降，甚至生存机会都可能变得渺茫。

因此在这个时代，仅仅瞄准需求，做出产品，做成生意，是远远不够的，必须提升行业领导力，并保持迭代，方有机会一直处在行业价值链的舒适区。

4.6 第五步：明确定位价值坐标

企业的价值坐标就是企业在行业价值链上的位置。有些企业在自我介绍的时候会说"全国最大的电子商务平台""最干净的经济型连锁酒店"等，这些描述中就包含了价值坐标。

从需求到产品的跳跃，本质上要搞清楚"要什么"和"卖什么"两大问题。由于用户的表象需求很容易找到，这类需求的满足一定是红海市场，产能严重过剩——供给侧改革改的就是这些行业。只有发现用户的隐性需求，才能找到蓝海市场。正因为这类需求特别隐蔽，所以很难被发现，甚至用户自己都不知道自己需要什么。

也有些需求需要触发条件，如果不能满足触发条件，过早介入，很容易成为行业"先烈"。近些年知识付费类产品就是移动互联网诱发的巨大商机。在PC互联网时代，美国已经出现了成功的商业模式，国内也有人模仿，一直未能成功，直至移动互联网的普及化应用完成，才催生了成功的商业模式。

只有为数不多的企业能关注到最极端、最亟须满足的有限痛点。它们的探索过程一定充满了不确定性，它们也为此付出了巨大的试错成本。它们未必比其他企业聪明，所有的成功都源于苦苦坚持。但坚持不代表盲目，而是要在产品开发过程中不断地回到用户需求中快速迭代，在迭代中对产品进行优化改进；或者在迭代过程中发现此路不通，再回到用户需求分析，重新寻找用户需求。只有在迭代中坚持，才有可能守得云开见日出。

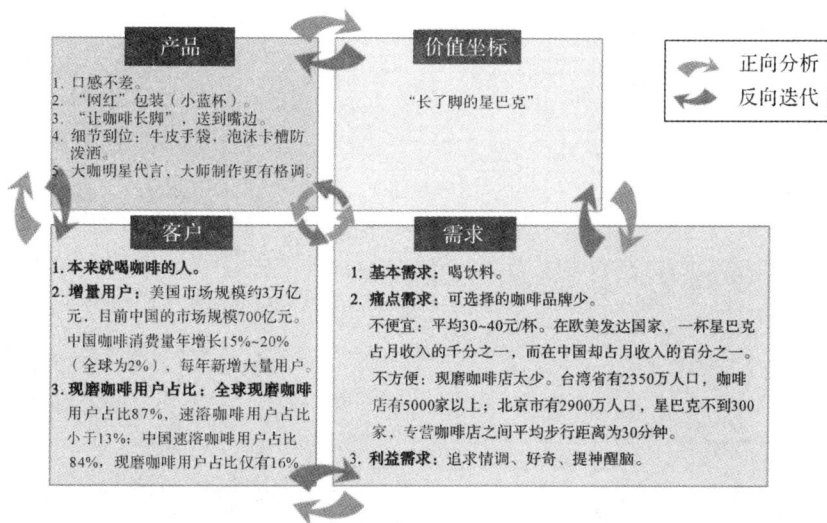

产品
1. 口感不差。
2. "网红"包装（小蓝杯）。
3. "让咖啡长脚"，送到嘴边。
4. 细节到位：牛皮手袋，泡沫卡槽防溅洒。
5. 大咖明星代言，大师制作更有格调。

价值坐标
"长了脚的星巴克"

正向分析
反向迭代

客户
1. **本来就喝咖啡的人。**
2. **增量用户：**美国市场规模约3万亿元，目前中国的市场规模700亿元。中国咖啡消费量年增长15%~20%（全球为2%），每年新增大量用户。
3. **现磨咖啡用户占比：全球现磨咖啡**用户占比87%，速溶咖啡用户占比小于13%；中国速溶咖啡用户占比84%，现磨咖啡用户占比仅有16%。

需求
1. **基本需求：**喝饮料。
2. **痛点需求：**可选择的咖啡品牌少。
   不便宜：平均30~40元/杯。在欧美发达国家，一杯星巴克占月收入的千分之一，而在中国却占月收入的百分之一。
   不方便：现磨咖啡店太少。台湾省有2350万人口，咖啡店有5000家以上；北京市有2900万人口，星巴克不到300家，专营咖啡店之间平均步行距离为30分钟。
3. **利益需求：**追求情调、好奇、提神醒脑。

▲ 瑞幸咖啡的价值坐标分析

根据瑞幸咖啡的产品设计，我们可以模拟提炼出它的产品价值：结合一年开出 500 家门店的预期，将最初的定位"本土现磨咖啡连锁品牌"进一步提炼为"本土现磨咖啡领导品牌"。这句话作为企业自身价值定位没有问题，但尚不能清晰地反映瑞幸咖啡在连锁咖啡行业的价值坐标，其定位必须更加清晰。因此，我们可以模拟提炼为："长了脚的星巴克。"

在产品试错、验证、迭代的过程中，产品瞄准核心痛点是个收缩的过程。一开始总是希望能解决很多需求，只有在迭代过程中才能慢慢明晰：哪一个才是值得解决的核心需求？哪一个是别人尚未解决或者解决得不够好的需求？在收缩中逐步聚焦、提炼，最终形成自己独特的价值坐标。而且因为聚焦，因为明晰，往往用一句很短的话就能将企业的价值坐标表达清楚。

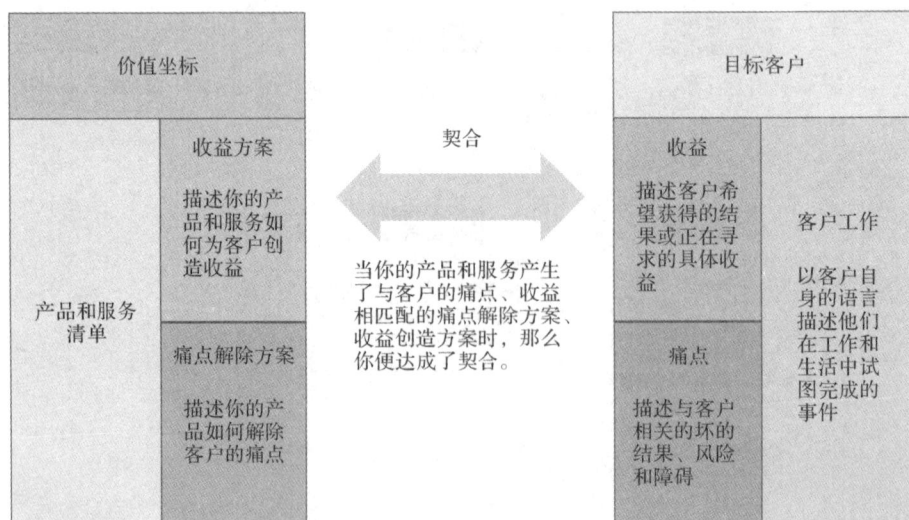

▲ 价值坐标画布

　　总结下来，提炼价值坐标的过程可以描述为：定位客户—分析需求—找出痛点或者核心利益需求—寻找解决方案—解决方案产品化—提炼产品价值——句话描述产品价值—定位价值坐标。全过程从定位客户开始，到定位价值坐标结束。企业可以借助这张画布对自己企业的价值坐标进行分析，看看企业的价值和目标客户需求的契合度如何；契合度越高，价值越大。

　　无论是创业者面对风险投资人，还是成熟企业引入战略投资人，投资人一定会问到的问题是：你是做什么的？为什么说你做的这个项目有优势？这里说的优势即是价值坐标。如果回答令他满意，那么我们就将进入下一个更难跨越的关卡——商业模式。

第五章　设计商业模式

前一章我们完成了从客户定位到价值坐标的分析，接下来我们会面临第二个难关——从产品到生意。成功跨越第二道难关，企业才能完成商业闭环。

从发现需求到做出产品，并找到独特的价值坐标后，企业还需要形成有核心竞争力的商业模式。企业的价值坐标加上产品竞争力、运营竞争力（产品的推广速度），以及盈利模式的设计，才能最终确定企业的商业模式，在运营过程中进行迭代验证。

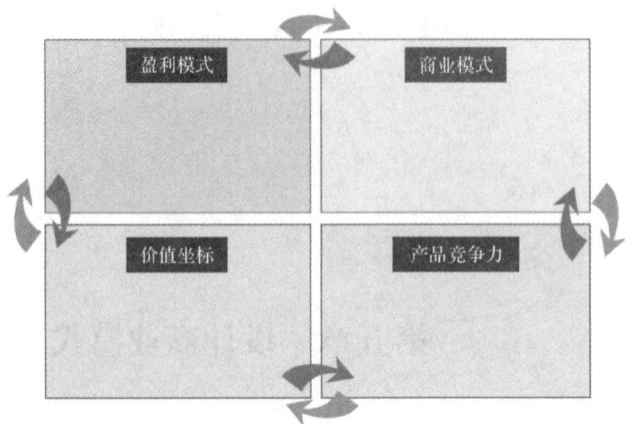

▲ 商业模式矩阵

5.1 产品竞争力

没有竞争力的产品是无法在市场上获得成功的。

产品的竞争力主要取决于与需求的匹配程度，对需求的满足程度。

产品竞争力的高低并不完全取决于产品本身品质的好坏，有很多技术上领先、价格不贵、方便使用的产品并没有在市场中获得预期的收益。

影响产品竞争力的因素有很多，只要企业能够在几个方面甚至一个方面建立优势，就可以在市场上占据不可忽视的地位。

（1）通过垄断形成产品竞争力

对于企业来说，垄断的商业价值是最大的。垄断企业总是可以给自己的产品定一个高价格，可以按照自己的需要开发新产品，可以较少地关注消费者需求。最典型的就是微软。从 Windows98 开始，微软的操作系统几乎没有什么值得一提的创新，但是这不妨碍微软获得 90% 以上的市场份额和 86% 的利润，这就是垄断的力量。

平台是另一种形式的垄断，通过聚合供给端而形成的用户垄断和流量垄断。

（2）通过获得知识产权和建立技术标准提高产品竞争力

中美贸易战中，美国停止向中兴通讯公司供应芯片，直接让这家世界排名第三的通信企业瞬间停摆，最终以认罚 14 亿美元的代价，换来美国 7 年禁购令的解除。

美国高通公司一直是移动通信行业的专利霸主，虽然通信技术经历了 2G、3G、4G 至 5G 的多次换代，但无人可以撼动它的地位。2018 年 6 月，高通公司正式宣布开始收取 5G 专利费用，每年仅从中国市场即可收取 300 亿美元。在 5G 尚未开始大规模普及之时，未来 10 年的利润已经被提前锁定了。

技术创新必须按照产业发展的客观规律办事，下真功夫取得关键技术的突破，否则不会有出路。最近几年，很多著名企业步履蹒跚，就是在技术方面心存侥幸造成的。联想就是其中的典型。

值得欣慰的是，一批有责任、有担当的中国科技企业在技术上饱尝受制于人的辛酸后，开始真正致力于技术研发，部分企业还试图依托中国庞大的国内市场制定行业技术标准。这对于提高产品竞争力无疑是一件好事。

（3）通过战略联盟塑造产品竞争力

战略联盟能够形成一种系统的力量，特别是互补产品的战略联盟能够产生单一产品无法抗衡的力量。如果结成战略联盟的互补企业分别是各自领域内的领导型企业，则这种战略联盟的威力就更加惊人。

商业史上最著名的战略联盟就是微软公司与英特尔公司的战略联盟，即Wintel联盟，这个联盟使合作双方同时在各自领域内占据压倒性的竞争优势。IBM开放PC机标准，与PC行业内的硬件制造商和整机制造商结成了事实上的联盟，从而把具有先发优势的苹果公司拉下了王座。

在平台化时代，大平台需要无数的小平台作为支撑，小平台需要企业作为支撑。这些互为支撑的企业，是另一种形态的结盟：生态化结盟。

（4）率先在新的技术平台推出产品

在任何一个巨变时代，旧时代的既得利益者大多会不自觉地抵制变化，总是在外部形势逼迫自己不得不变的时候才开始变化，因而动作非常缓慢。而新兴的势力则毫无历史拖累，直接进入一个富有崭新意义的市场，占据市场，快速发展，替代原来的领导者。

以索尼、富士通、日立、NEC（日本电气）、东芝为代表的日本企业在模拟技术时代呼风唤雨，是消费电子领域的既得利益者，但是在数字技术时代反应迟钝；而三星这类企业由于包袱小，很快适应了数字时代的技术要求，日韩企业之间的竞争形势出现逆转。

2018 年，"618 天猫年中大促"堪称一场新零售的秀场。阿里巴巴借助这一时机，集中推出了虚拟试衣间、虚拟试妆镜、天猫云货架等黑科技应用，并将这些黑科技充分应用在线上线下不同的场景里，让消费者充分体验到新零售已经不止于口号，而是已经发生的消费变革。这股引领世界的变革能力，让美国消费者对曾经骄傲不已的亚马逊进行了一场全民讨伐。他们惊叹于阿里巴巴的创新能力，同时对亚马逊面对新技术的态度感到不满。

（5）快速推出新产品

在竞争越来越激烈的市场中，速度成为一种特别重要的竞争力。一个企业能快速向市场推出产品，是获得经营差别化优势的重要能力。有些企业片面追求产品品质的完美，却忽略了速度的重要性。

企业要获得经营差别化优势，必须关注推出新产品的速度。即使从技术的角度讲，产品本身还有一些缺陷，但只要不会给消费者带来危险或损失，企业就应该尽快推出产品，让那些焦急等待的消费者能够尽快应用。这也是向消费者转移的附加价值。至于产品在技术上的问题，可以在后续产品中迭代完善。

微软公司各个版本的操作系统一直有各种毛病，但正是因为微软及时推出新产品，并快速推出改进型产品，它才能够迅速占领市场。

在产品大众化阶段，快速推出新产品具有更大的价值。因为这个阶段的特点就是市场高度细分，消费者需求千变万化，企业只有不断推出各类新产品，才能在市场上占据一个主流位置，否则，很容易被采取这种策略的竞争对手赶上或超越。

（6）更便宜地推出同质化产品

产品的同质化让消费者苦恼，更让厂家苦恼。消费者苦恼的是缺乏有效的选择标准，厂家苦恼的是无法使产品差别化。当企业不能在产品差别化方面获得优势时，就要争取在经营差别化方面获得优势，而速度和价格是经营差别化优势的重要内容。更便宜地推出同质化产品，是指企业的同类产品比竞争对手更具有价格优势。

在更便宜地推出同质化产品方面有一个杰出的代表：格兰仕微波炉。格兰仕利用成本优势，从低端市场起步，逐渐把产品线延伸到高端市场，所向披靡。

（7）品牌拉动产品竞争力

风险投资界有句名言"成功的老板都要学会讲故事"，主要指的就是品牌故事和创业故事。在信息大爆炸的当下，讲故事本质上就是企业品牌和产品品牌的 IP 化。

在"母亲牌原味牛肉棒"背后，有一个充满异国风味的故事：20 世纪初，在美国南部一个叫潘帕的小镇，12 岁的杰米每周都要去 9 英里外的寄宿学校上学。爱子心切的杰米的母亲担心儿子在学校的营养问题，每周杰米回家时，她总要烤制大量的牛肉让儿子带到学校去，保证他能够吃上一周。她不断实践，选用上好牛肉，加上黑胡椒等配料，经过调味、风干以后，再用樱桃木枝精心烘烤……这样的牛肉，肉质紧实而有韧劲，味道浓郁而鲜美。孩子们把这种牛肉称为"母亲的牛肉"，这种牛肉也让杰米成为全校最受欢迎的学生。

（8）减少服务或增加服务

这种做法实质上是深挖或者生成一个细分市场。通过减少服务和简化产品，可以挖掘那些对服务和产品功能要求不高的消费群体。

对于产品的各项服务，并非所有的消费者都需要。如果能够把消费者不需要的服务去掉，同时降低价格，就能够更有竞争力地开发消费群体。二三线企业特别适合采取这种策略，避开行业领导型企业擅长的领域，进入一个被忽略的细分市场，并通过在这个细分市场建立优势来加强自己在整个市场中的地位。美国西南航空公司价格低廉的"空中大巴"就是这种策略的典范。

除了减少服务及简化产品，企业还可以通过增加服务来提高产品竞争力。如果企业提供的产品本身并无实质性的差别，企业可以把产品价值延伸到咨询、售后服务等方面，通过提高产品的整体价值来弥补产品核心价值的雷同。

（9）产品创新或进入新的细分市场

只有产品创新才能塑造产品的差别化优势。小的创新是针对产品的附属属性的创新，例如外观、包装等；大的创新是对产品的核心属性的创新。通过产品创新，企业可以率先进入一个新的细分市场，获得竞争优势。相反，当新的细分市场出现时，企业如果迟迟不能进入，就会错失良机。一进一出之间，竞争形势可能会发生根本性的逆转。

新潮传媒正是看到了在网络获客成本高企的环境下电梯广告无可替代的现实而进入这一行业的。通过三分屏显示技术，同一条广告可以分三个小屏分别展示品牌信息、产品信息及可扫描购买的二维码，一次投放，三个收获，满足了广告主品效合一的投放需求。产品推出以来，新潮传媒迅速从传统行业巨头手里切分出一块市场，几年时间即成长为"独角兽"。

（10）推出性价比更高的产品

一个行业内的二线企业，在技术、品牌的影响力和产品差别化等方面都不占优势的情况下，如何与一流企业竞争呢？

答案是：推出性价比更高的产品。后发企业挑战行业王者的时候，但凡能够取得胜利的，都或多或少使用了这种战术。

上线 200 天，日活跃用户数量过亿的抖音在强手如林的短视频行业快速崛起，采用的也是这种战术。通过在短视频内容的基础上加入社交功能，使一款应用软件满足多个需求，迅速形成了性价比优势。

（11）与客户建立关系

几乎在所有行业，开发新客户的成本总是高于维护老客户的成本。所以，与已有的客户建立长期关系，通过让渡部分价值来留住他们，对于企业来说，在成本上是非常划算的。酒店业、民航业等行业，普遍采用"会员制"及"老客户奖励计划"，通过累计消费给消费者提供更多的服务或额外的优惠，以此留住老客户。

（12）在边缘市场也能方便购买

当企业的产品无法在品质、价格等内在因素方面胜过竞争对手时，企业可以在销售渠道方面寻找机会，使自己的产品在更多的地方出现，更接近客户。

脑白金算是很有"历史感"的保健品了，它每年近10亿元的销售额背后，是实实在在的销量。其销量的大部分是边缘市场贡献的。即便是边缘市场，因为基数巨大，对一家企业来说，也能发挥决定性的作用。

增强产品竞争力的方式方法还有很多，且"实践出新知"，勇于实践，一定会探索出更多更好的产品竞争力打造方法。

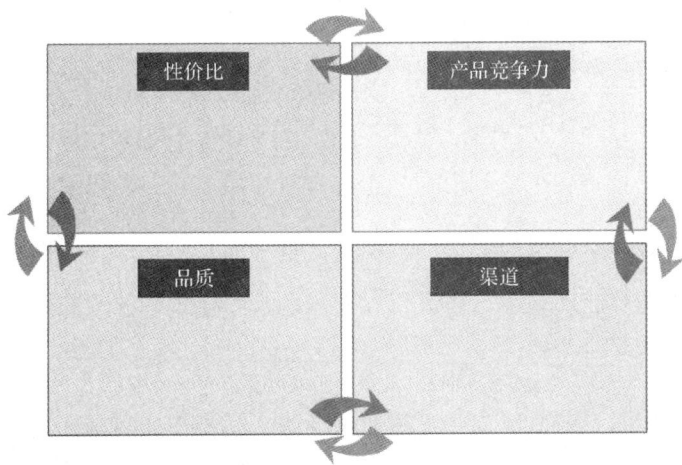

▲ *产品竞争力迭代矩阵*

5.2　商业模式

在秒变时代，单点生意一般基于当下的价差，但价差会随着供求关系和信息的对称程度而变动，且这样的生意参与门槛太低，企业很难形成核心商业价值，容易陷入低价值竞争。这样的生意往往难以成就事业，也很难被称为模式。

盈利模式是指企业统筹各种资源，通过满足消费者的需求而盈利的机制。

由于中国经济完成向市场体制转轨的时间不算久，中国企业很难在短短的 10 年、20 年内形成自己的盈利模式。为了在短时间内获得经济效益，企业的通常做法就是借鉴同行业或其他行业中战略领跑企业的盈利模式。一家企业的盈利模式形成之后，其他企业就会通过模仿以求在短期内获得成功。广泛存在的同质化竞争，造成了企业经营业绩的大幅下滑，最终导致行业利润的大幅下降。也许正因为如此，中国企业的普遍特点就是没有核心竞争力。

相比之下，国内外先进企业的做法则明显不同。它们首先广泛学习先进企业的各种盈利模式，将各种盈利模式的优缺点及适用范围进行系统透彻的归纳与总结，再将各种盈利模式与企业自身的情况进行分析对比，从中找出符合本企业自身发展的盈利模式。模式一旦形成，就在小范围内进行推广应用，在获得初步成功之后，再进行大面积的推广应用。这是典型的迭代式模式创新。

今天，中国企业已经很难继续通过模仿、学习形成自己的盈利模式。只有基于用户需求，结合产品竞争优势，进行商业模式创新，才能形成独特的盈利模式。在不考虑产品因素的前提下，盈利模式就是商业模式。

目前市场上的商业模式大致可分为以下几类：

（1）分拆型商业模式

大型企业集团和生态型企业内部因其产业链太长，各种业务形态共生，需要针对不同的业务进行分类经营，以避免不必要的此消彼长。这些不同类型的业态之间，有的采用控股公司结构进行分离，有的采用参股公司结构进行绑定，还有的采用内部事业部结构进行分拆。

小米的生态链中，手机是核心业务，但小米通过投资参股，以绑定的方式围聚数十家极具创新能力的企业，迅速在短短几年时间建立起庞大的智能家居生态系统，在大大提升小米平台安全边际的同时，还为未来锁定了物联网这一趋势性机会。

（2）长尾型商业模式

长尾型商业模式是通过延伸可售品种，不过分追求每一品种的销量，通过长尾效应获得累计销量的商业模式。当当网的商业模式就是典型的长尾商业模式：传统书店无论面积多大，其可售的图书品类终归是有限的，而在互联网平台上，可售品种可以变得无限多，但平台成本的增长几乎等于零，其成本效益得以大大提升。

（3）开放型商业模式

开放型商业模式是通过与外部伙伴的系统配合从而创造价值坐标的模式。新浪微博是其中的典型代表，通过输出流量给淘宝、天猫，实现流量变现。腾讯微博一度被认为将是新浪微博的"掘墓人"，但现已被迫关闭，新浪微博却通过和电商平台的合作，每年都能交出不错的年报。

开放型商业模式的所谓"开放"既可以由内而外，也可以由外而内。恒瑞医药是 A 股市场市值最大的医药公司，以生产仿制药称霸中国医药界。该公司专门寻找专利到期的大品类药物进行仿制，每一个品类的药物都能在中国这个庞大的市场里做到第一，其市场空间足够大，堪称开放型商业模式的传奇。

（4）免费型商业模式

以零价格产生的需求会远远超过低价带来的需求，所以产业界常说"免费是王道"。

免费型商业模式是通过为某一类或几类关键用户持续提供免费服务，当用户基数达到一定量级时，便对另一类用户形成吸引——他们作为付费用户可以支持商业模式中免费服务的持续提供。

广告传媒类企业采取的就是典型的免费模式：以内容吸引用户，用户吸引广告投放。互联网出现后，很多平台都通过免费的方式吸引用户，获取较大的流量后，通过广告或其他增值服务进行变现。

所谓的"羊毛出在牛身上"，指的就是免费型商业模式。也许，未来每个数字化产业都将是免费的。

（5）多边平台型商业模式

多边平台将至少两个互相关联的用户群体连接在一起，通过促进不同群体之间的互动而创造价值。平台相对于任何一方的价值都是因为另一方的存在而存在的，因此，多边平台的价值取决于平台用户数量级，用户越多，价值越大，这就是网络效应。

互联网平台大家已经屡见不鲜，传统行业平台化也已经成为趋势。第一章我们介绍过，不是所有行业都适合平台化，需要清晰分析聚合用户带来的平台价值。而网络效应是带来平台价值的最重要手段。

（6）共享型商业模式

共享经济在中国起步较早。携程共享了有住宿需求的旅客资源，美团共享了需要送餐上门的饮食男女，等等。近年来，共享单车的几轮大战，将共享型商业模式推上了风口浪尖，几乎完成了全民知识普及，在此我们不做重复描述。但需要提醒的是，不是所有的产品、资源都具备共享价值。在选择共享标的的时候，可以参照以下标准：

其一，该产品或资源大量存在并大量闲置；

其二，该产品或资源拥有的门槛较高；

其三，该产品或资源可以很便捷地实现交易。

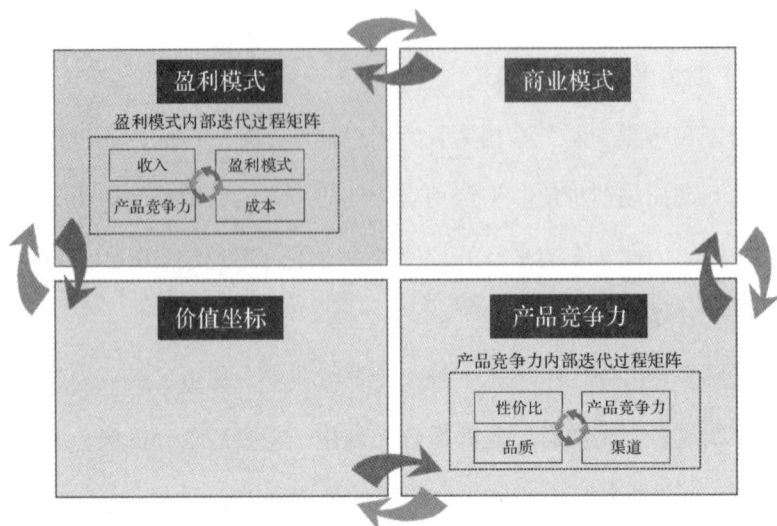

▲ 盈利模式迭代矩阵

（7）共创型商业模式

互联网的深度应用，带来了商业模式的巨大变革。其中，去中心化也是变革趋势之一。去中心化最初探索于共享型商业模式，近年来才出现共创型商业模式。

共创型商业模式起源于合伙制。起初是少数人合伙，后来出现了有限合伙，进而诞生了合伙人模式，至此，形成了共创型商业的基础模式。

股权众筹的出现成了共创型商业模式真正实现商业化应用的催化剂，众筹酒店、众筹民宿等成功案例不断涌现。而区块链技术和比特币更是让人们

086

发现：共创型商业模式不仅技术条件完备，还可能是未来趋势。

5.3　模式验证

企业与企业之间、企业的部门之间乃至企业与顾客之间、企业与渠道之间，都存在各种各样的交易关系和联结方式，也就是商业模式。直白地说，就是企业通过什么途径或方式来赚钱。

最简单的商业模式就是生意，卖什么就靠什么赚钱。但商业竞争驱动了商业文明的进化，更为复杂的商业模式不断被创新出来，因此仅仅完成从需求到产品、产品到生意的过程还不能被称为商业模式，或者说尚不算有竞争力的商业模式。除了完成简单交易，商业模式还必须具有核心竞争优势。这个优势主要来源于产品竞争力和盈利模式。

商业模式经过提炼后往往被归结为一句话，这句话主要包含以下信息：

● 做什么的？

● 做得怎样？

● 优势是什么？

● 在行业价值链中处于什么位置？

例如，淘宝网的商业模式就被概述为：全国最大的 B2C 免费电子商务平台。这句话里包含了这些信息：做什么的——做 B2C 电子商务的；做得怎样——全国最大；优势是什么——免费；行业价值链中的坐标位置——最大的平台。

淘

盈利模式	商业模式
B2C电子商务	全国最大的B2C免费电子商务平台
价值坐标	产品竞争力
全国最大的平台	免费

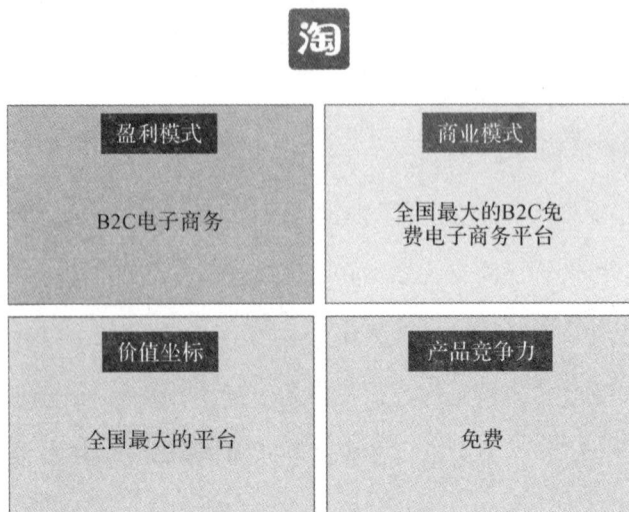

▲ 淘宝网的商业模式

从产品到生意的跳跃，需要经历两个维度的验证：用户验证和市场验证。用户验证是指产品开发时设定的目标人群是否准确；市场验证是指产品是否满足了用户需求，该需求是否是刚需，需求的频次高不高，频次不高的产品单次消费的金额够不够高，与竞争对手比较产品是否具有核心优势，产品的定价策略，以及营销渠道的选择是否正确，等等。

（1）用户验证举例

2014 年，福特汽车在进行了充分的市场调研后，瞄准全球中产年轻化的趋势，推出了一款针对年轻中产阶级的跑车——新款福特野马（Mustang）。

该车兼具跑车炫酷的外观、后轮驱动的操控感和 V8 线性输出发动机带来的澎湃动力，价格区间为 40 万~70 万元，定价低于市场上在售的热门跑车，有自己独特的产品个性。福特野马推出市场后，成为细分市场的热门车型。但对购买用户进行分析后发现， 70% 以上的购买用户都不是当初锁定的用户对象，而是 45~55 岁的中年大叔。他们给出的购买理由是：用这款车圆自己一个跑车梦。而当初锁定的新中产青年用户只占到总用户数的 21%，决定购买大多是因为外形比较复古。

从福特野马的案例我们可以看到，这款车推出市场后，其用户验证是失败的，只是阴差阳错打动了另外一类人群。这不得不说是侥幸，绝大部分产品很难有这样的好运气。

（2）市场验证举例

好耶网是一家互联网广告技术公司，核心业务是帮助门户网站将广告通过好耶网的技术放到页面上，比如通过焦点图、文字链接等。

当时几个新闻门户网络都需要这一技术，这说明好耶网找准了需求；产品也经历了检验，能高效地满足这一需求。但好耶网始终做不成生意。这主要是因为恰逢互联网寒冬，新闻门户网站的广告卖不出去；没有客户投广告，技术如无米之炊。客户需要技术，却没有能力为此买单，公司发展走进了一条死胡同。

后来好耶网发现，互联网寒冬让新闻门户网站的需求发生了变化，只提供技术服务满足不了它们的需求。这时候门户网站的需求变成将广告位卖出去，有了收入才有能力支付好耶网的技术服务费，或者用广告位资源抵消技术服务费。于是好耶网迅速将产品进行迭代，从卖技术解决方案变为卖广告位，与三大门户新闻网站和无数地方门户新闻网站签约，将各新闻网站的三分之一广告位用来抵充好耶网的技术服务费。

好耶网成为当时中国拥有网络广告位最多的公司，企业战略形成迭代：由互联网广告技术公司迭代为中国最大的网络广告代理公司。战略清晰后，企业发展一日千里。分众传媒在纳斯达克上市，掌握大量现金之后，选择巨资收购好耶网。这成为当时互联网行业金额最大的并购案例。

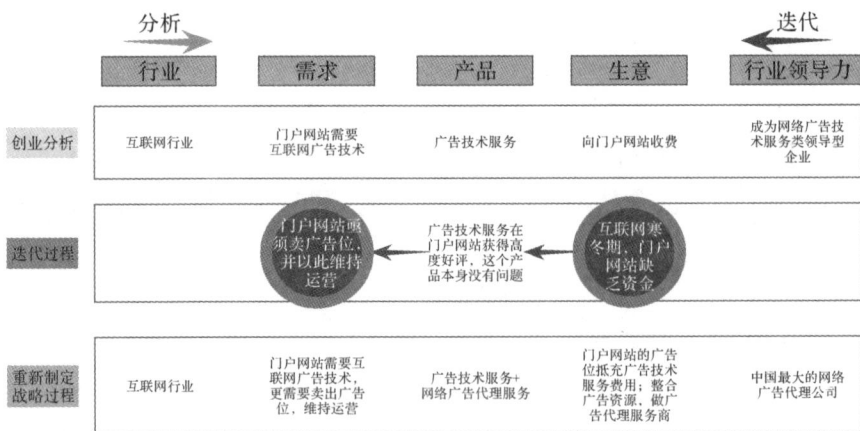

▲ 好耶网战略迭代

好耶网的案例是典型的通过市场验证后，却完成不了生意模式的案例，后来通过重新分析用户的需求，才找到了问题的根本所在——门户网站需要好耶网的技术，却没有能力购买技术。

从中我们找到了迭代方法：用广告位资源抵充购买技术所需的费用。拿到广告位资源后，好耶网的核心业务自然转变为互联网广告代理。随着互联网行业的寒冬期慢慢结束，好耶网迭代后的战略定位反而使它至今仍然是中国规模最大的互联网广告代理公司。

5.4 模式迭代

所有企业都希望自己公司的产品一经推出即被消费者追捧，但多数时候，当我们推出产品时，市场的反应是冷淡的。对经营者来说，这种时候是最黑暗的。面对这一结果，经营者必须顶住压力，找到问题的本质，寻找迭代路径。

正确的迭代路径有两条：对内迭代和对外迭代。在产品的用户需求得到验证的前提下，对产品逻辑、产品功能、产品的用户体验及营销渠道、定价策略等后续环节进行迭代的形式是对内迭代；而当产品的用户需求未能得到验证，或者被验证是伪需求的时候，重新分析用户需求，找到和原来不一样的需求后，进行产品开发、市场营销的迭代形式是对外迭代。

然而，有更多的人选择了错误的对应策略。有的企业迫于生存压力，有的企业害怕继续投入试错成本，于是选择先找到马上能产生现金流的"小生意"维持，让企业"活"下去。它们当中，部分从此离初心越来越远，直至最后销声匿迹，部分在维持中寻找新的机会。但是，人是很容易陷入"暖床效应"的，人在温暖的床上重新爬起来奋斗的可能性很小，除非是心怀使命、绝对自律且不达目的誓不罢休的坚定者。

从产品到生意的跳跃，本质上就是解决"卖什么"和"怎么卖"的问题。在这个信息过剩、物资过剩、供给过剩的年代，我们必须牢记：将军赶路，不追小兔。能经得起诱惑、耐得住寂寞，是最终实现战略目标的重要因素。事实上，无数心怀梦想的企业领导最终都陷入了"红舞鞋的诱惑"。

红舞鞋是安徒生创作的一个流传甚广的童话故事。小女孩很爱美，在母亲的葬礼上穿红舞鞋，在养母带她去做礼拜的时候也穿红舞鞋，甚至不顾养母的再三反对还是要坚持去教堂时穿红舞鞋。一日，一个奇怪的老兵对鞋子指指点点，小女孩忍不住炫耀起美丽的红鞋，试着跳起舞来，没想到不受控制地一直跳着，停不下来，直到周围的人把她的鞋脱下来才停息。

从此以后，那双鞋被封存起来，但她还是时不时地想穿。养母生病了，躺在床上需要她照顾，但她脑中还是想着红舞鞋。终于，她忍不住从箱子里翻出红舞鞋，穿上去参加舞会。

舞会结束后，她依然在跳舞，她的脚已经不受控制了。当她要向右转的时候，鞋子却向左边跳；当她想要向上走的时候，鞋子却要向下跳。红舞鞋带着她走下楼梯，一直走到街上，走出城门。她跳着舞，而且不得不跳，一直跳到黑森林里去。她害怕起来，想把这双红舞鞋扔掉，但是它们扣得很紧。她扯着她的袜子，然而鞋已经生到她脚上去了。

她没日没夜地舞蹈，根本停不下来，在雨里跳，在阳光里也跳。这双鞋带着她走过荆棘，荆棘划得她全身流血。最终她跳着舞来到屠夫的门口，恳请他帮她砍下双脚，摆脱红鞋，屠夫照办了。但被砍下的双脚仍在红舞鞋内不停跳动，跳啊，跳啊……

不以物喜，不以己悲；不为胜喜，不为败悲。经营企业归根结底是在和自己做斗争。

必须把所有的精力都用在从产品到生意的迭代上，否则，当后来人踩着"先烈的尸体"继续往前走的时候，连眼神的余光都不愿意浪费在你身上。

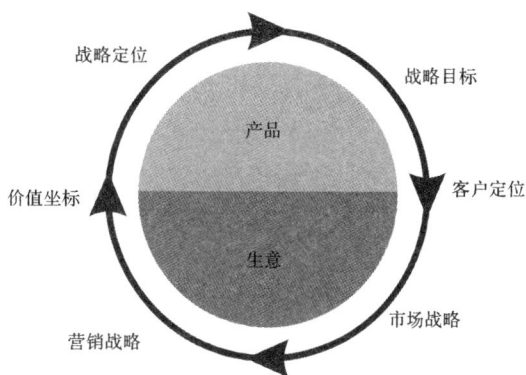

▲ 商业模式迭代循环

如果你没有因诱惑迷失初心，还在坚持自己的价值观，坚守当初设定的使命，那么，企业已经成功跨越了第二道坎。企业取得了商业上的巨大成功，这值得自豪，但不能骄傲。因为如果不能跨越第三道坎，你的商业模式还会遇上瓶颈；如果不能成为头部企业，成为行业领导者，企业就谈不上安全。如果缺乏行业领导力，做得再大，也只是做了一门生意，虽有经济价值，却缺乏社会意义。

第六章　执行迭代的五项修炼

独立学者乔尔·A.巴克（Joel Arthur Barker）曾经说过："没有行动的愿景只是一场梦境，没有愿景的行动只是虚度时光，只有愿景+行动才能改变世界。"

商业模式必须转化为商业计划，才是可执行的、可落地的、可以期待结果的。

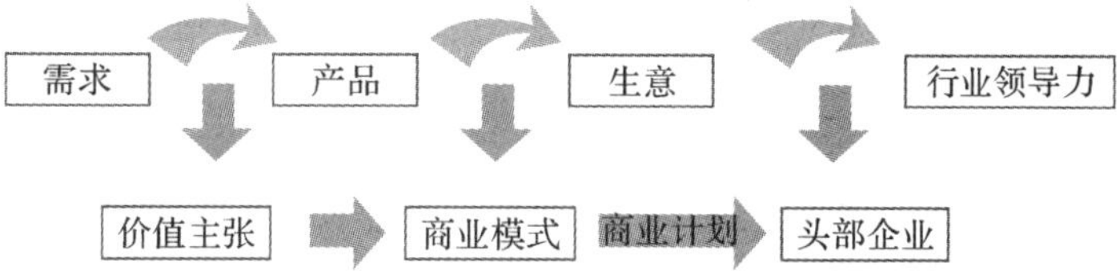
需求
产品
生意
行业领导力
价值主张
商业模式
商业计划
头部企业

▲ 企业迭代力

（1）商业计划

制订商业计划的方法很多，这里介绍的是一套叫作 OGSM

的方法，四个字母分别代表长期目标（Objective）、短期目标（Goal，一般将年度目标作为短期目标）、策略（Strategy）和测量（Measurement）。OGSM方法由彼得·德鲁克（Peter F. Drucker）提出的管理理念演变而来，我们在此基础上进行了迭代优化，使其更具象，更具迭代力。

长期目标是定性目标，即一段时间后，企业希望实现的目标。管理者首先要使相关各方就长期目标达成一致。

长期目标需要被转化为短期目标。在设定的周期内，如果所有的短期目标都实现了，长期目标自然就达成了。

短期目标是定量目标。将长期目标转化为短期目标，也就是将定性目标转化为定量目标。定量目标才具备计划和执行的条件。

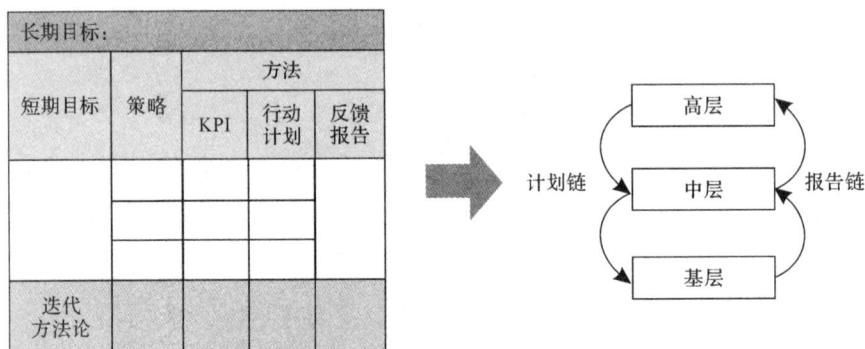

▲ 长期目标—短期目标的分解迭代

（2）执行迭代

通过持续行动达成目标的能力被称为执行力。

个人的执行力有两大要素：策略和方法。策略包括两部分内容：关键的量化指标（Key Performance Indicator，KPI）和执行计划。KPI对策略的实施效果进行反馈，执行计划是指将策略转化为具体的行动方案，明确执行人、完成时间及完成好坏的评价标准。

组织的执行力是指将长期目标通过组织体系逐级分解为短期目标、预期目标、岗位计划，并依托团队执行，反馈执行情况，最终达成企业目标的能力。

所有的工作起点是计划，终点是计划的完成结果。但组织完成一个预期目标与个人完成目标有本质的差异，组织目标的达成显然要复杂得多，组织越大，管理的难度越高。

在企业管理中，管理理论五花八门，管理方法百花齐放，如果企业内部不同的管理者各用各的方法来管理，执行效率将大打折扣。就像一帮人划船，不同的领导要求不同的划桨动作，这艘船一定比动作整齐划一的船行驶得慢。用不同的管理思想来管理人，会产生评判标准的巨大差异，给企业带来无谓的内耗。而如果企业有一套系统的管理思想，统一的执行方法，就能做到"行动一致"，从而将组织效率最大化。某种意义上说，行动一致是保证效率的重要前提，在此前提下，执行方法的迭代优化才能带来执行力的不断提升。

不同的管理理论各有各的道理，不同的管理方法也各有各的效果。企业不停地寻觅着能"一招制胜"的管理方法，归根结底还是急功近利的表现：期待得到一本"武功秘籍"，能练成"绝世武学"，从而"称霸武林"，再也无须"血拼式"竞争。事实上，这样的"秘籍"是不存在的，中国企业家总在想着出奇制胜，可我们真正缺的是守正。

组织管理就是依托一个组织体系，把人组织在一起，完成商业计划的过程。说白了，就是管人、理事。管人就是管心，理事就是理流程、理标准、理方法。一个流程清晰、标准明确、万众一心的企业，一定会形成好的方法，这应该是企业执行力的极致追求。

要达成这样的执行力，必须同时满足两个"用户"的需求：企业是其中一个"用户"，它的需求是组织目标的达成；员工是另一个"用户"，他的需求是个人价值的最大化。下面，我们详细介绍一种基于人性组团队、计划求结果、迭代找方法的执行迭代方法论——执行力的五项修炼。

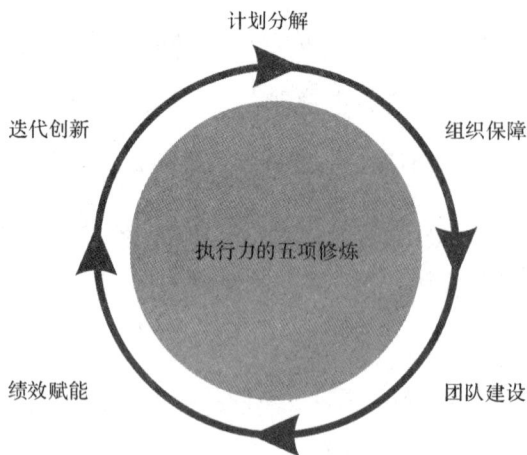

▲ 执行力的五项修炼

从价值坐标到商业模式，从商业计划到卓越企业，企业发展是一次没有终点的马拉松。秒变时代，每一家企业都需要体系化地进行"五项修炼"——计划分解、组织保障、团队建设、绩效赋能、迭代创新，从而形成极致的执行能力，让梦想极速可达。

6.1　第一项修炼：计划分解

本杰明·富兰克林（Benjamin Franklin）曾经说过："没有准备的人，就是在准备失败。"

在企业内部，不制定计划就好比你打开多个程序的时候，系统会读取你打开的所有应用，导致数据库被占用，落得一个"卡"的印象；而如果有严谨的计划，执行时就好比系统只运行你正在使用的应用,其他应用被自动"挂"起来，运行体验顺畅得多。

但编制一份科学的计划并非易事。首先要具备战略思维，对企业商业模式的理解无误，理解企业的目标客户及其希望解决的需求、产品定位、品牌主张、企业的价值坐标，以及商业模式、企业的使命和愿景。在制定计划以前，如果以上事项均已确定，那么在战略思维下制定出的计划就是为了证明以上确定的都是正确的。蚂蚁金服前董事长彭蕾有句名言："无论马云的决定是什么，我的任务就是帮助这个决定成为最正确的决定。"这句话就是对执行要义的通俗表达。

计划包含两大维度：做什么和怎么做。做什么，是由长期目标转化为短期目标，最后确定为预期目标决定的；怎么做，指策略和方法。因此，计划的编制必须遵循自上而下、目标导向、策略清晰、完成的好坏标准明确等原则。

（1）计划不是安排

做企业，很多人谈起计划时，内心是比较排斥的，特别是中小企业和创业型企业，认为那都是大企业的事，而且是造成"大企业病"的根源。也有一部分领导认为，企业规模小，计划赶不上变化，花时间做计划太浪费。

其实，具有以上认知的企业管理者是将计划和安排混为一谈了。个体户做好自己的计划就等于安排好了一切，因为没有价值坐标，没有商业模式，因此，也就没有商业计划。只要他脑子里想清楚第二天做什么、怎么做，基本就不会有太大问题。因为是简单买卖，不需要太多的协作，计划的价值也就不很明显。

但研究表明，当团队超过 5 个人时，制定明确的计划比不做计划效率提升 10%；当团队超过 18 个人时，按计划管理比无计划管理效率提升 25%；而当团队超过 128 个人时，计划管理比无计划管理效率提升 45%。

我们日常所说的"计划不如变化快"，指的是不断会有新的临时任务。发生这类情况应该在原有计划的基础上迭代，原有计划的内容基本不变，只是增加待安排的事项。计划是为预期目标服务的，而预期目标不会因为经常增加临时任务而轻易改变。

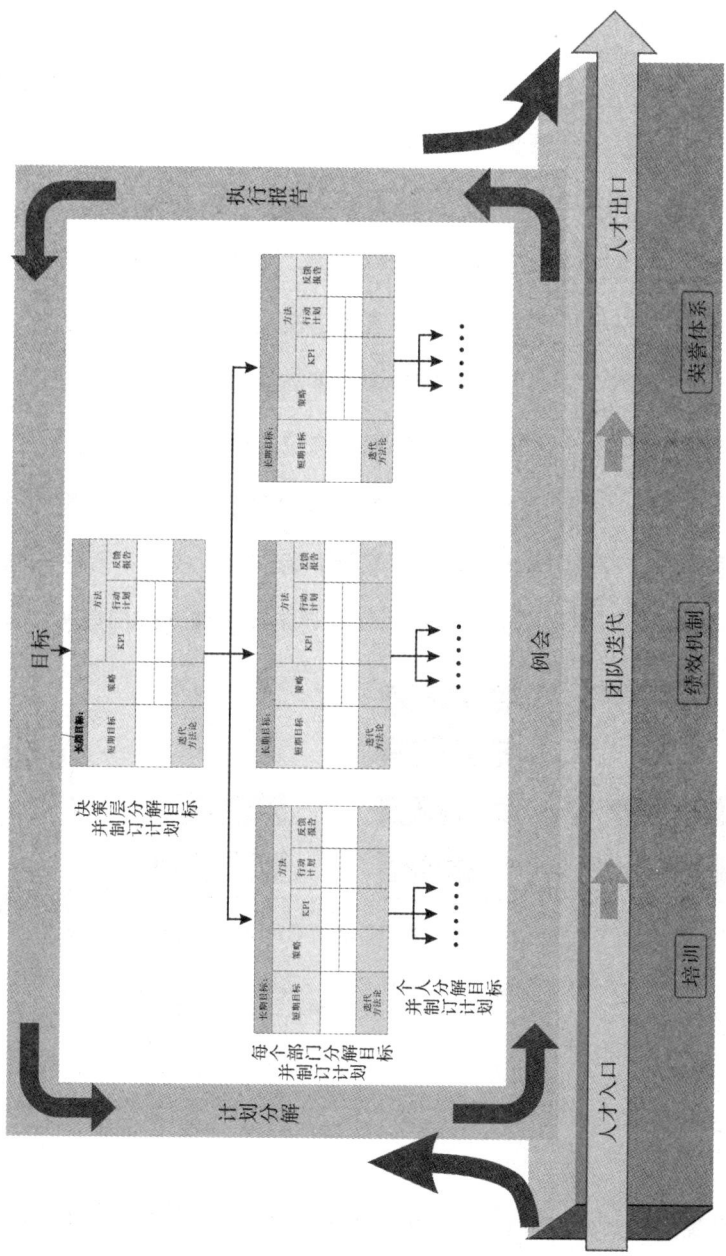

执行报告

目标

决策层分解目标并制订计划

计划分解

每个部门分解目标并制订计划

个人分解目标并制订计划

关键目标：

长期目标	短期目标	策略	方法		反馈报告
			KPI	行动计划	
迭代方法论					

例会

人才入口 培训 绩效机制 团队迭代 荣誉体系 人才出口

▲ 执行迭代

101

（2）计划的可覆盖性

基于目标导向、自上而下的原则，将企业的愿景目标转化为可量化的长期目标。如阿里巴巴的愿景目标——让天下没有难做的生意，转化为长期目标——中国最大的电子商务平台，这个目标用了 15 年时间达成；而后它又提出了新的长期目标——世界第五大经济体。在长期目标确定后，依据组织结构将长期目标分拆成短期目标，分配给各部门作为它们的长期目标，再根据团队组合将其转化为团队的预期目标，最终将团队的预期目标细化成每个人的工作计划，从而完成企业目标到每个岗位具体计划的分解。

如下图所示，企业层的短期目标自动成为单个职能部门的长期目标，部门层的短期目标又相应成为团队层的预期目标，以此类推。反之，岗位层的计划就是团队层的预期目标，团队层的预期目标相应就是部门层的短期目标。

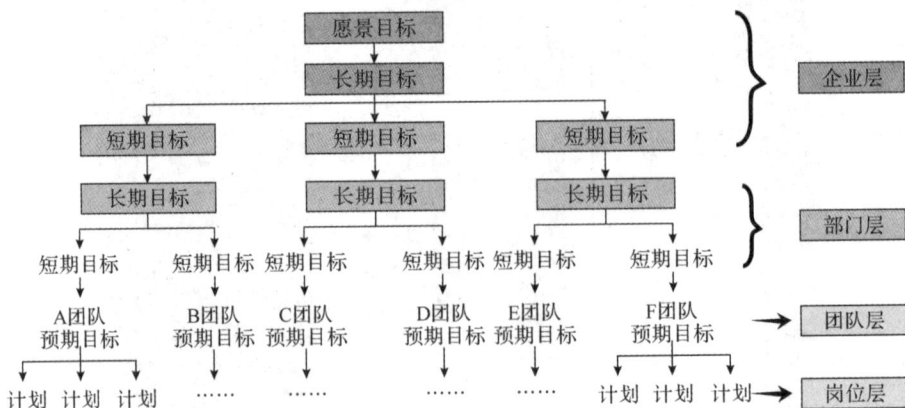

▲ 企业目标分解

这里我们仍然以瑞幸咖啡为例，通过图表的方式模拟演示将企业的卓越愿景逐级分解为单个岗位计划的全过程。

前文我们分析了瑞幸咖啡的价值坐标是"长了脚的星巴克"。假定企业的愿景目标是"中国的星巴克"，那么该公司近几年的长期目标可以设定为"中国原磨咖啡第一品牌"。接着，我们将长期目标分解为短期（一年）期望达成的目标：中国规模最大的现磨咖啡连锁品牌。

短期目标确定后，需要将短期目标进一步分解成为KPI。比如，选择城市布局门店网络，确定旗舰店和"优＋"店的配比，将年度门店拓展为500家，以及与门店扩张速度匹配的用户运营指标，等等。接着，根据量化指标确定经营策略，并将指标分解为具体的行动计划，最终落实为单个岗位的具体工作。

但是，量化指标要分解到每个岗位，需要建立企业的组织架构，建立计划落地的组织保障，确保商业计划能按预期的进度完成。

瑞幸咖啡商业计划表（参考举例，虚拟计划）

长期目标：
中国原磨咖啡第一品牌

短期目标	策略	方法		反馈报告
		KPI	行动计划	
中国规模最大的现磨咖啡连锁品牌	1. 选择一线、准一线城市直营方式，先期进入10座城市	·2018年，覆盖10座城市	·城市现磨咖啡市场调研 ·大数据分析，选定10座城市 ·竞争分析后制订城市拓展计划	

续表

中国规模最大的现磨咖啡连锁品牌	2. 以直营的方式布局两种门店形态："优+"店和旗舰店，比例关系约 10∶1	· 树立形象，加速门店网络构成	· 制定门店拓展计划 · 分别制定旗舰店和"优+"店开业标准及运营手册 · 梳理确定店址→装修→交付→运营的流程标准
	3. 大投入，广覆盖，现象级渠道轰炸，做出比肩星巴克的势能。传播品牌的同时要直接获取流量	· 注册用户达 100 万 · 获客成本 ≤ 50 元 · 复购率 ≥ 30%	· 分析目标客户，筛选明星代言 · 订制运营策划方案，进行强势传播 · 用品效合一的传播方式直接获客 · 建立客户介绍的机制，形成裂变效应
	4. 公关手段维持话题热度，延续广告效应；持续让品牌和星巴克形成强关联；送货上门，持续攻击星巴克软肋	· 每月话题量 ≥ 10 万 · 送货上门时长由 ≤ 30 分钟缩短为 ≤ 20 分钟	· 关键意见领袖引爆话题 · 公关定调：中国本土"长了脚的星巴克" · 突出"坐享"星巴克的服务优势
迭代方法论			

6.2 第二项修炼：组织保障

组织结构是组织目标能够顺利完成的体系保障，是组织目标的结构化分解。

迭代型组织非常强调方法论。我们在日常管理中解决问题、执行计划、完成岗位目标经常讲方法，但方法是个性化的。从方法中提炼出方法论，其好处是形成标准方法。不管这项任务谁来做，只要按照方法论，就一定能得到确定的结果。

组织结构的设计主要依据业务发展计划进行，将业务发展依赖的部门作为主线，将为业务发展提供服务的部门作为副线，并且明确规定岗位设置、各岗位的上下级关系、岗位职责、岗位匹配的能力要件，以及由经验形成的岗位工作方法论。对于这些规定，所有管理者都必须了然于心。

组织结构设置的原则是层级清楚、责任明确、效率优先。归根到底，组织结构关系就是职能关系和流程关系的总和。

（1）职能关系

职能关系设定的关键是权力和责任是否匹配，设计的基本原则是"因责赋权"。

职能关系的设定必须依据目标分解的原则，承担目标任务最多的部门就是核心部门，其他部门是为核心部门提供支持的，因此适合采用横向安排。

职能部门越少越好；部门越少，沟通效率越高。需要多少个职能部门完成资源的专业输出，取决于业务主线对职能的需求，但必须尽可能地精减，尽可能地突出关键职能。当某项职能不够关键，却不可或缺时，可以将其职能归并到相关部门，直到其关键性到了不得不设置专门部门的时候再另行设置。需要特别指出的是，职能部门不能拥有权力，只能给予专业的指导意见和专业的服务，因为职能部门并不承担经营责任。

职能关系设定特别需要明确组织中权力和责任的匹配，绝对不能够出现拥有权力的人却不需要承担责任，承担责任的人却没有权力的情况。职能关系的设定需要遵从企业目标计划的迭代而相应迭代，应始终保持职能关系和企业目标计划的同频迭代。这样既可以避免浪费，又能确保高效执行。

（2）流程关系

如果说职能关系负责解决部门协同问题，那么流程关系解决的就是上通下达的问题。

流程关系设定同样遵循目标分解的基本原则，也就是要遵守主业为纲的原则。比如说某家企业是一家平台型公司，其主线业务就是平台系统的运维，那么从 CEO 到平台的运维就是"纲"，其他的流程都是"目"，也即辅助；如果这家企业是制造公司，就必须以制造系统为"纲"，这个时候企业的信息化运维就成了辅助系统，只有这样才能做到"纲举目张"。

流程关系设定的关键是企业目标分解脉络清晰。目标分解设定越合理，整个公司的运转越流畅。

流程关系设定是否合理，主要取决于层级是否清楚、各层级的任务计划是否清晰，以及为完成计划给予的授权是否匹配。

层级清楚是为了确保计划下达和报告上行的顺畅；责任明确才能做到计划无死角，每个岗位的任务清晰，完成好坏的标准清楚。能力要件是任务达成的保障。流程的层级越多，若每个层级的计划完成都不达标，叠加起来后，总目标的完成率就会与原计划有很明显的差距。效率优先是指组织结构在设置时，要因地制宜，不能盲目照搬。层级越少，效率越高；跨部门交叉事项越少，成本越低。

在组织结构设计方面，北京大学国家发展研究院管理学专家陈春花教授曾指出中国企业中常见的两种错误结构。

第一种："面朝董事长，屁股对着顾客"的结构。这种结构非常流行。因为很多员工都是面朝上司，关心上司的脸色、上司的看法，一切以上司为标准。所谓的"一切为基层和员工服务"在这个结构中成了一句空话。

第二种：从权力出发的设计思路造成的条块结构。这种结构的特点是各个部门各自为政，每一个部门或者系统都只关心自己的问题，并且尽可能把责任推给其他部门或者系统，从来不为其他部门和系统提供服务和帮助。在这种结构里，人们习惯相互埋怨、推诿，常常出现的情况是没有人肯负责和提出建设性的意见。

这两种错误结构本质上是缺乏用户思维。要知道，组织结构设计的本质是为企业目标愿景达成提供组织保障，而不是为了实现个人意志。

当职能关系和流程关系设定了之后，我们可以画出企业的组织结构图。结构图可以清晰地反映出企业的主营业务、各部门的职能定位、目标计划的分解流程，以及该组织如何通过部门协同完成商业计划，从而满足消费者需求的逻辑流程。

我们仍以瑞幸咖啡为例，画出其清晰的职能关系和流程关系图如下：

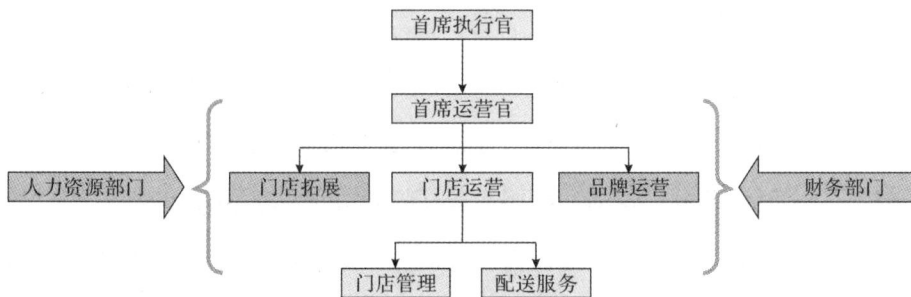

▲ 瑞幸咖啡的职能关系和流程关系

从上图中不难看出，瑞幸咖啡是一家提供连锁零售服务的品牌，通过建立连锁门店并提供送货上门服务满足消费者的需求。因此，运营部门是其核心部门，人事和财务部门则是辅助部门。组织结构中，门店拓展、门店运营和品牌运营统筹在首席运营官的管理之下，由首席运营官对首席执行官负责，流程关系清楚而顺畅。

组织机构建立后，我们可以按流程往下分解企业的商业计划。

首先，依据商业计划制定公司的短期目标，将该短期目标作为各部门的长期目标，将公司的年度经营目标分解到各部门。下面以核心业务部门举例，制定门店运营计划如下：

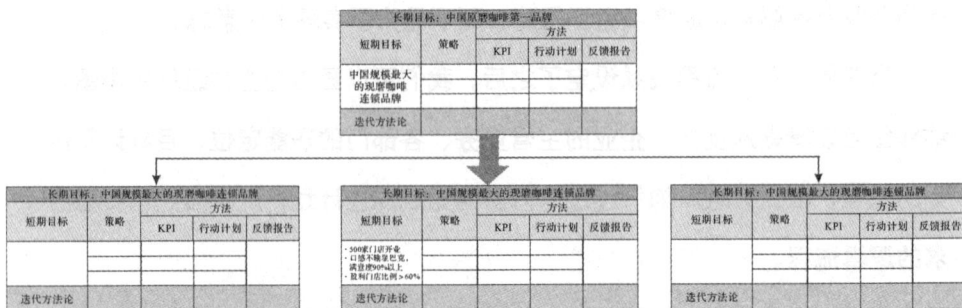

长期目标：中国原磨咖啡第一品牌				
短期目标	策略	方法		
		KPI	行动计划	反馈报告
中国规模最大的现磨咖啡连锁品牌				
迭代方法论				

长期目标：中国规模最大的现磨咖啡连锁品牌				
短期目标	策略	方法		
		KPI	行动计划	反馈报告
迭代方法论				

长期目标：中国规模最大的现磨咖啡连锁品牌				
短期目标	策略	方法		
		KPI	行动计划	反馈报告
· 500家门店开业 · 口感不输星巴克，满意度90%以上 · 复制门店比例>60%				
迭代方法论				

长期目标：中国规模最大的现磨咖啡连锁品牌				
短期目标	策略	方法		
		KPI	行动计划	反馈报告
迭代方法论				

▲ 公司业务计划分解示意

计划表的内容进一步分解到岗位后，企业的目标就分解完成。同时，组织结构中的每一个岗位的职责、完成职责所需要具备的能力要求也同步明确；在接下来组建团队时，招聘、选任的依据亦相应明确。

评判企业组织结构设计是否具有科学性，关键是看预期目标是否环环相扣地分解到每个岗位。很多企业在组织结构和目标计划分解上常常陷入"GDP陷阱"。

　　"GDP陷阱"指的是企业所有岗位的任务总和大大超出预期目标，从而导致员工无效付出，造成企业资源的巨大浪费。一如每年的GDP统计数据，各省市统计的GDP之和远大于国家统计局公布的数据。这种现象带来的结果是：明明知道有水分，却很难找到水分到底在哪里。必须在组织结构设计之初和计划分解的每一步中做到严谨科学，未雨绸缪。

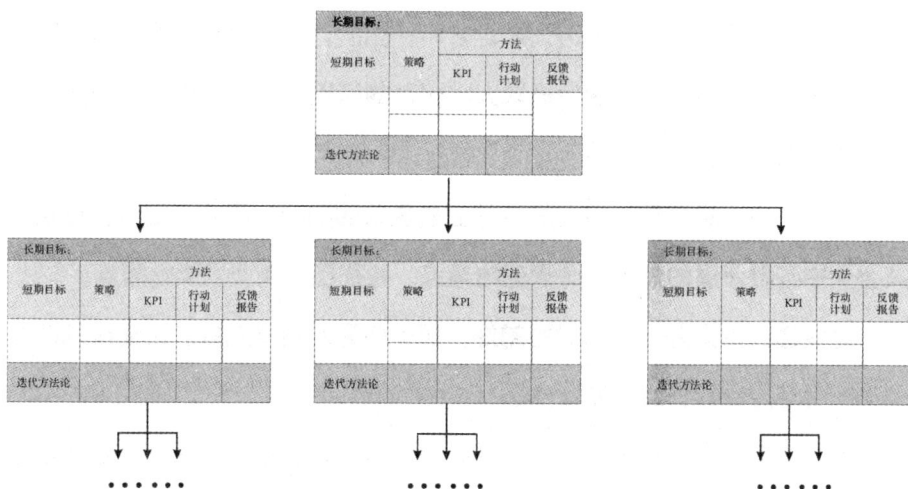

▲ 组织结构设计必须承载公司目标的全部

　　组织结构设计其实是在建立企业和员工之间的心理契约。组织架构除了明确员工要履行职责、积极工作、主动合作，以及具备岗位要求的能力要件，还需要进一步明确他将收获什么，他是不是得到了他应该得到的——成长的梯子、满意的收入和令人愉悦的工作环境。

组织结构明晰后，依据组织需求建立团队就成为当务之急。

6.3 第三项修炼：团队建设

经营企业，决策靠领导，运行靠团队，运行结果的好坏靠团队的执行力。没有团队的执行力，企业的梦想只能是空想。

什么是团队？

企业核心价值观引领下的人才组合叫作团队，否则只能叫作"团伙"。建设团队，首先得有人，然后追求人与岗位的匹配度，最后追求人与人之间的配合，因此，合适的人是团队建设的基础。

团队是由人组成的，而人是世界上最复杂的动物。因此，团队往往是一家企业中各种矛盾的焦点，是管理的难点，往往还是企业发展的痛点。

企业选人用人并不是越优秀越好，而是匹配度越高越好。匹配度的核心要素一是态度匹配，二是能力匹配。

态度匹配的标准是员工是否认同企业的核心价值观。将认同企业的价值观作为第一性原则，认同则值得团结，不认同的话，能力多强都不值得重用。这就是"态度第一、能力第二"的原则。

而能力匹配的评判标准是岗位要求。企业希望每一位员工能力都很强，但是，人才是稀缺资源，未来企业之间对人才的争夺将愈演愈烈。因此，对大多数企业来说，做到在知人善任的前提下找到尽可能匹配的，就是最好的。

如下图所示：

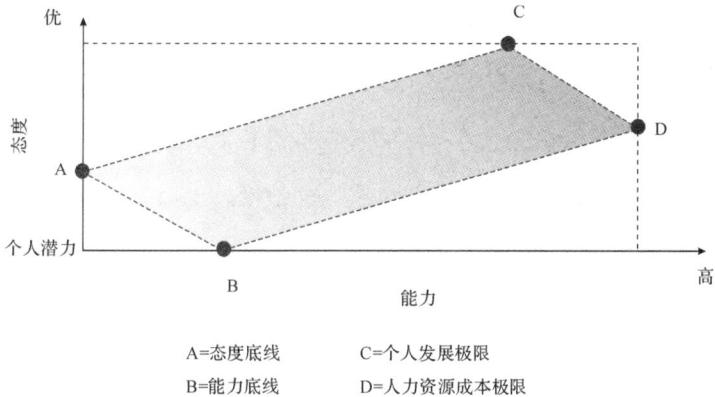

A=态度底线　　　C=个人发展极限

B=能力底线　　　D=人力资源成本极限

▲ 员工与企业岗位匹配关系

● 深色区域内是企业最值得拥有的人，这些人需要培养和提升；

● 淡色区域内是可考虑培养的人，这是补充型人才，占企业总人数的比例一般高达 80%；

● 色块之外的人都是需要淘汰的人。对于这部分人，不是好不好、行不行的问题，而是企业和员工匹配不匹配的问题。

（1）重识人性

企业管理归根结底是对人的管理。世界在变，社会在变，人也在变。原始部落以生命存续为第一要务，人的所有精力几乎都花在一日三餐上，略余精力还要完成人类繁衍。这是恩格尔系数接近 100% 的年代，没有侵略，没有战争。

人类社会进入农耕文明后，规模化的农耕方式诱惑了不劳而获者，开始出现易货贸易。有了贸易，就有了巧取豪夺者。巧取就是交易，豪夺就是战争。于是人类历史开始战乱不止，但是这无可抱怨，因为这就是人性。

工业文明时代的典型特征是规模化生产，规模化生产追求生产效率的提升，现代企业管理就诞生于这一时期并发展进化。工业化后期金融资本的掠夺和产业巨头的垄断（变相掠夺）也是人性使然。

互联网时代，企业界正在经历着一场平台革命。平台化使资源更加集中，商业社会赢者通吃成为常态。小的网络如果缺乏足够的平台支撑，不能形成生态，在具有更大的网络效应的平台面前是非常脆弱的，最终难逃被大平台侵吞的命运。这也是人性使然。

人性是多面的，但在利益面前暴露的往往是自私、自我、自大。

尊重基本人性是团队建设的认知基础。

（2）转变企业与员工的关系

传统的企业组织以老板为中心，企业和员工的关系是雇佣关系。在这个关系设定的前提下，员工是企业的成本。既然是成本，那么就要计算成本和收益的比价效益。

这样的关系是不平等的关系，是中心和附庸的关系。老板有梦想，但这与员工无关，哪怕老板天天打鸡血、讲梦想、谈愿景，员工没有对企业的热爱，其创造力没有被激发，企业便缺乏活力。公司没有统一的价值观，老板的价值观传递下去，到中层只剩70%，再到基层仅剩30%。在这样的组织系统里，工作布置下去也得不到满意的结果。

但是，如果企业具有用户思维，情况显然会改变，过去的雇佣关系变成了合作关系。既然是合作关系，那么双方平等、条件吻合便能愉快地合作。管理时，管理者俯视的姿态不见了，一方说一方听、一方布置任务一方照章执行的现象发生了改变。员工既然在企业工作，就说明认可企业开出的合作条件。在这一前提下，员工不再是被迫做，而是主动做；管理者的说教、批评不见了，代之以赋能和帮助员工解决问题。企业招聘员工的姿态也改变了，企业原来浓厚的甲方色彩不见了，而是拥有了以用户为尊、团结人才的平等姿态。企业战略、公司文化、内部制度、绩效考核不再是自上而下的要求，而是全体员工都认可的交换条件，无须输灌，自觉执行……

用户思维来源于对人性的尊重，回到人性谈管理才是管理的本义。

传统的企业是老板个性的延伸。只要是有"条件"的人际关系，本质上就是"交换"。交换就是价值交换。在企业与员工的关系中，企业需要技能娴熟、态度积极（工作主动＋团队协作）、能给出结果的员工；而员工需要较满意的收入、愉悦的心情和个人成长空间。交换双方必须条件明确，平等自愿。西方成熟的企业管理制度充分遵从了这一思想。

迭代力理念下的企业遵循的是"平台理念"，协同、合作、服务是平台的灵魂。人与人之间的关系超越普通的人际关系，是一群人在为同一个目标而努力，浅层的表现是共同为客户服务，深层的表现是为社会服务，最终实现的是"命运共同体"。

在合作的过程中，实现个人价值最大化，从而实现资源价值最大化，最终带来社会价值最大化。平等和公平是合作的基石，互联网是实现平等和公平最好的媒介；迭代型企业通过这一基石，以合作为纽带，就可以创造出最佳的经济效益和社会效益，并同步实现每个个体的愿望和需求。

近年来，涌现的"独角兽"案例告诉我们：以"合作"为价值体系，设计出来的企业和员工的关系才是基于人性的和稳固的。在此基础上，加上情怀、文化、情感，这些都是企业发展的必要条件；否则，文化无从落地，离职成为员工无可奈何的选择。员工混日子，企业没发展，落得两败俱伤；反之，则皆大欢喜，员工成长，老板成就，企业成功。

在合作、交换的理念下，企业招聘需要"乙方"心态。

企业和员工的传统组织关系是雇佣制，而互联网时代，这种组织关系正在发生变化。

随着共享经济、分享经济模式的不断涌现，在线教育、知识分享领域出现了众多新组织形态的企业，平台 + 个人的组织形态已初露端倪。

协作平台不断涌现，制造出无数网红人物：罗振宇、马东、杜子建、吴晓波、papi 酱等。健身达人、美食达人、直播网红、心理咨询师、网络工程师等也都有机会通过和平台合作获得收入。他们和平台型企业的关系已经不是雇佣关系，而是合作关系。

既然是合作关系，就应以平等的心态招募员工、组建团队。

瑞幸咖啡希望一年开出 500 家门店，按店均需要 10 名员工来算，平均每个月需招聘录用 400 多人，人事部门需要制定严谨的招聘计划、培训计划，以确保满足门店扩张的用人需求。同时，鉴于当下的用人环境，门店服务岗位留住人才有较大的难度，而服务行业的特性又决定顾客满意度对企业的影响很大，因此，建立有吸引力的薪酬体系、激励机制、荣誉体系等，吸引足够数量的高素质服务人员加盟并充分激发员工的内在动力，提升客户满意度，就成为人事部门的首要职责。

瑞幸咖啡建立了门店合伙制度，即公司负责开店，店长和店员自己当"老板"的制度。给予单店一定周期的培育期，市场培育期由公司负责保障，其间店员收入略高于同行的收入。培育期结束后，各店自负盈亏，单店利润由公司和门店团队按比例分配。这样做的结果是：店员对用户口碑特别看重，若顾客不满意，每一个店员都有权限为顾客免费重做。这种合作关系的设定对瑞幸咖啡的用户口碑积累产生了很好的效果，也为店员推荐朋友来瑞幸咖啡工作起到了很好的联动效应。

瑞幸咖啡人事部年度计划表

长期目标: 中国规模最大的现磨咖啡连锁中国				
短期目标	策略	方法		
		KPI	行动计划	反馈报告
·满足公司计划目标对人力资源的需求 ·年度招聘需求 > 5000 人 ·建立培训机制及晋升机制 ·建立激励机制及荣誉体系 ·建立有竞争力的薪酬体系 ·以上机制体系的迭代优化	1. 招聘			
	2. 培训			
	3. 考核			
	4. 薪酬激励			
迭代方法论				

（3）用好每个人的优势

俗话说，龙生九子各不同。每一个人都是独一无二的，"天生我材必有用"。由于我们所生活的这个社会一直以来都提倡改善自己的劣势和缺点，所以整个社会都非常关注人的弱点，追求的是打造完美人格。从小被要求全面发展的我们，通过不断学习和训练克服缺陷，以弱胜强。尤其是当我们看到电视剧或电影的主角挑战自身缺陷，最终成功战胜自己的故事时，我们的"励志"情怀特别受激发。

然而，有研究发现，人们只有投入更多精力来发展自己的优势时，才更有可能成功。特别是在如今这个知识大爆炸的互联网时代，没有人能够做到"完美"，每个人的精力是有限的，只能集中优势"兵力"，单点突破，与他人协同合作，才能创造更大的价值。

6.4　第四项修炼：绩效赋能

（1）快速培训

不少企业非常重视团队建设，重视团队执行力的提升，也舍得花钱培训员工，不惜代价引进"牛人"，但最后却发现人多了，工资成本上去了，执行力依然如故，企业主因此愁肠百结。

团队的成员来源各异、性格各异、年龄不同、背景不同、能力不同，因此必须有严密的培训体系，将所有人的价值观统一起来，才能保证行动一致。也只有这样，才能确保由计划到报告的管理闭环顺利实现。这一点，在无数成功企业的管理实践中反复得到了验证。

而之所以强调快速培训，是因为迭代型组织是高效的生命体，任何一个岗位的拖延都会造成组织运行效率的下降。

在启动培训之前，我们还必须搞清楚培训的目的到底是什么。这个问题不搞清楚，所有的培训计划、培训体系设计都是盲目的。

通常，大多数国有企业将培训看成是福利，连锁型企业将培训看成是销售的支持性工作，制造型企业将培训看成是品质保障；企业的经营者往往把培训看成是人才学校。当然，也有的企业把培训功能定位成管理人才培养、团队能力迭代。

培训的本义是"通过对人的培训，满足企业的需要"。基于迭代思维，培训之前，必须把培训的相关对象搞清楚，找准需求并予以满足，才能达到期望的效果。

在培训体系中，存在各种利益相关方：被培训者、被培训者的上级、培训组织单位／组织者。一个培训体系必须能够满足所有利益相关者的需求，才能被称为是好的培训体系：

●被培训者的需求是更加高效的工作方法、更低的参与成本、明确的回报；

●被培训者的上级的需求是管理成本的下降、团队的稳定性、团队业绩的提升；

●培训组织单位／组织者的需求是清晰衡量自己工作的价值、得到各级参与者的认可、培训成果的应用与传达。

我们把迭代型组织比作无人驾驶汽车，这就要求各环节更加精密，自我运行，自我迭代优化。快速培训就是为达到这样的运行效率提供服务保障。

在培训内容方面，应该针对不同的员工有所区分：

● 对新进员工：主要包括企业价值观培训，岗位要求培训及解读，技能要求培训及考核，方法论的理解、掌握，绩效机制和荣誉机制传达。

● 对在职员工：主要包括计划订制，报告编写方法论的培训，上一级岗位的技能培训，绩效机制和荣誉机制传达。

● 对管理人员：主要包括领导力培训、自我修养提升培训、行业宏观能力提升培训。

● 对优秀员工：主要内容是个性化提升培训。

在此基础上，我们可以总结出培训的意义：以企业的需要为导向，通过对人开展具有可持续性的培训活动，使培训者以更低的参与成本获得更加高效的工作方法，通过培训获得明确的回报，使企业实现降低管理成本、增强团队可靠性、提升团队业绩的愿景。

前面我们已经指出，企业和员工的关系应是契约关系、交易关系，企业和员工之间有明确的交易条件。其中，员工清楚地了解自己的岗位职责，并具备该岗位所要求的能力要件，是交易的必要条件之一。在一个优秀的团队中，每个人应是分工明确、各司其职的。

然而现实情况是，我们很难保证录用的员工一上岗就自动清楚其岗位职责，立刻清楚地知道自己该干什么，完全具备该岗位所要求的能力要件。因此，培训的依据是岗位职责和岗位要求，培训的内容是岗位所需的知识结构和与岗位匹配的能力要件。

针对在职员工的提升培训，应以该员工上一级岗位的职责和能力要求为标准。目的是让所有人都有成长的机会，给优秀者一把成长的梯子。对优秀员工的培训建议采用"师徒制"。针对每个人进行职业测评和职业规划，结合个人兴趣爱好、专业背景和特长，找出适合他的、他喜欢的、有职业发展前景的培养方向，以师徒制这一高效的培养方式进行培养。以体系化的培训保证优秀员工能够跃级提升，加速其成长。

基础培训是普惠的，也是团队保持迭代力的基本保障；而优秀员工的跃级培训是团队升级的能力储备，储备越多，企业的执行能力越强，同时，也是企业价值观的具体体现：越优秀，成长越快！快速培训的根本目标，用通俗的话来描述就是：让每一位员工该做的事都能做，能做的事都做好。只有当每一位员工都实现了能力的快速迭代，企业的预期目标才能不折不扣地达成，从而更快速地实现成功。

瑞幸咖啡一年内团队规模即超过5000人，按最低10%的流动率计，每年需增补员工500人，加上新店扩张带来的用人需求，培训工作量相当大。

培训团队须将人事部的短期目标作为长期目标，据此制定培训短期目标，然后结合目标岗位的职责和要求形成KPI，并制定科学的策略和执行计划，确保员工"来之能战"。

瑞幸咖啡员工培训计划表

长期目标: 满足公司计划目标对人力资源的需求				
短期目标	**策略**	**方法**		
		KPI	行动计划	反馈报告
·新人满足岗位需求:	1. 新人培训			
1. 有态度:认同公司理念,看好公司未来以及由此带来的个人职业价值	2. 晋升员工培训			
2. 有能力:符合岗位能力要求	3. 店长培训			
迭代方法论				

(2)绩效机制

永辉超市是 A 股市场市值最高的连锁零售企业,身在传统行业却因创新能力突出而负盛名。永辉超市的不断创新使其旗下拥有永辉优选店、红标店、绿标店、会员店及 2017 年推出的新业态——永辉超级物种。在被认为非常传统的行业里,永辉树立起了创新企业的典范形象。

永辉超市所在的实体零售行业有个共性问题:一线员工干着最脏最累的活,却拿着最低微的薪水,整个行业的员工流动性非常高。

永辉集团董事长张轩松曾在一次进店调研中发现,一线员工每个月只有2000 多元的收入,勉强实现温饱,根本没有什么干劲,每天上班实际只是"当一天和尚撞一天钟"。顾客几乎很难从他们的脸上看到笑容,从他们这里享受到周到的服务。

这对于网络冲击下的实体零售业来说是一个巨大的问题。如果一线员工保持着"当一天和尚撞一天钟"的态度，他们在码放果蔬的时候就会有乱丢和乱砸的现象，反正卖多少都和他们没关系，超市损失多少果蔬也和他们没关系。受过撞击的果蔬通常在几个小时内就会氧化变黑，这样自然无法吸引消费者走近购买，进而会对整个超市造成影响。

激烈的市场竞争让零售企业更多地关注于如何获取外部客户，既包括维系老客户，也包含吸引新客户。但是过度的竞争也让企业忘了它的"内部客户"，也就是员工，尤其是一线员工。

尽管"内部客户"给企业带来的是"间接收益"，但他们对消费者的购买及购买行为有着直接的影响。按照数据折算的话，内部员工的意义在于：他们能决定，是让80%的客户多买一点，还是让80%的客户少买一点。

然而问题在于，直接提升一线员工的收入也是不现实的。单纯增加员工薪资，就会增加企业成本负担，影响超市的效益。加多少合适呢？加多了老板不愿意；加少了激励性弱，效果有限。

永辉超市在全国有6万多名员工，假如每人每月增加100元的收入，永辉集团一年就要多付出7200多万元的薪水——这大概是永辉超市10%的净利润。况且100元对员工的激励是极小的，效果更是有限，总不能每隔几个月就全员提薪100元吧？因此，既为了增加员工的薪酬，也为了节约成本（如果蔬的损耗等）及提升营业收入（吸引更多消费者购买），永辉超市开始了运营机制的革命，即对一线员工实行"合伙人制"。

永辉超市在设计"合伙人制"时，充分考量了以下要素：

● 不承担企业风险，但承担经营责任；

● 根据价值进行多次利益分配；

● 晋级制度，灵活退出；

● 通常不涉及法律风险；

● 关注团队与个人的价值贡献；

● 注重自身价值、人脉、资源。

永辉超市规定，在品类、柜台、部门达到基础设定的毛利额或利润额后，超出部分由企业和员工按比例分成。这样一来，员工会发现自己的收入和品类、部门、柜台等的收入是挂钩的，只有自己提供了更出色的服务，才能得到更多的回报，因此合伙人制对员工来说就是一种在收入方面的"开源"。

另外，由于员工和企业的协定是利润或毛利分成，所以员工还会注意尽量避免不必要的成本浪费。以果蔬为例，员工在码放时就会轻拿轻放，并注意保鲜——这也就是在国内超市果蔬部门平均损耗率超过 30% 的情况下，永辉超市只有 4%~5% 损耗率的原因。

在合伙人制下，永辉超市的品类、柜台、部门等的人员招聘、解雇都是由员工组的所有成员决定的，这种设置有效避免了有人无事可干，也有人非常忙的情况。

最终，这一切将永辉的一线员工绑在了一起，大家是一个共同体，而不是分散的个体。这极大地降低了企业的管理成本，同时员工的流失率也有了显著降低。

在这套机制下，2017 年永辉超市以营收 585.91 亿元领军超市行业。

　　这种在业界看来不可思议的增长和永辉超市的绩效机制是分不开的。绩效机制带来的效果不仅仅体现在员工对待消费者的方式上，更体现在永辉超市对"内部客户"的满足。事实上这才是永辉超市快速发展的关键原因。

　　从永辉超市的案例我们不难体会到绩效机制的作用，建立绩效机制的方法也不难获取。值得注意的是，建立绩效机制应遵循以下原则。

　　第一，绩效体系的制定必须全员参与。让所有员工参与，否则无论绩效体系制定得多么完善，执行时也难免阻力重重。参与绩效的制定，会使员工的责任感更强。企业和员工要形成目标共识，个人收入和组织绩效也应该高度关联。

　　第二，目标导向原则。业务目标来源于商业计划，任务管理者不能偏离计划这条纲。

　　第三，全员绩效制原则。不仅和业务直接相关的部门有绩效指标，其他所有的支撑部门应该也有清晰的绩效指标，因此，清晰地设定支撑部门的支撑价值是保证迭代型组织内绩效体系执行效果的关键。

　　第四，公开公平原则。绩效标准由最高管理者带领高管团队拟定，报董事会批准，由所有部门签订相关的具体奖励条件并达成共识，契约化执行。

　　第五，完整闭环原则。传统的绩效体系往往是高层制定然后向下执行，是自上而下的、单向的、强制性的。这种绩效体系有个弊端，就是产生不了激励效应，员工缺乏源自内心的自觉，很容易执行不到位，也就无法完成绩效管理的闭环。其实，管理者的职责重在管和理：和员工一起进行目标设定；

过程中进行绩效辅导和绩效沟通；实施时，一起定期回顾、检查、反馈和迭代；由独立部门进行绩效评估。只有让员工感到执行的是"我"的制度，才能实现真正的闭环。

第六，评判绩效体系设计好坏的终极标准不是满意度而是敬业度。敬业度才是员工内在驱动的原生动力。

第七，考核的是工作价值，而不是工作量。

绩效体系的设计类型大致可分为奖金激励、股权激励、合伙人制等多种，企业可以根据自身特点结合以上原则进行个性化设定。从永辉超市合伙人制度这一成功案例，我们可以看到：秒变时代，要留住人才，激发员工积极性，就必须把薪酬和绩效挂钩，使企业利益和个人目标一致化，企业业绩增长，员工也能得到回报。这就是绩效机制的魅力所在。

如今，绩效考核理念要从"考核"转变为"服务"。

考核是一种手段，不是目的，建立绩效机制的目的在于达成目标、解决问题。绩效机制需要让被考核部门人员感受到，考核对他们来说是一种激励、进步和提升，而不是找个人或部门的"麻烦"。

考核当中不能完成的瓶颈事项是管理目标达成的障碍，这类事项主要是需要其他部门配合解决的。如果此时负责考核的部门或上级领导抱着辅助的态度，帮助部门解决问题，推动部门的专项工作或特殊工作有序进行，从而共同完成目标，这样，部门目标得以实现，团队业绩如愿达成，企业目标也不受影响，可谓皆大欢喜。因此，激发团队从内向外主动解决问题的精神比由外而内的被动考核，在绩效机制激发团队执行力提升的效果上更为明显。

　　一个好的激励机制，是以员工的需要为方向的。考核是公司的需要，激励是满足员工的需要。公司需要什么就考核什么，员工需要什么就激励什么。通过满足员工不同时期、不同阶段的个人诉求和需要，获得员工的认同与能量的给付，最终实现共同目标。

瑞幸咖啡绩效机制计划表

长期目标： 满足公司计划目标对人力资源的需求				
短期目标	策略	方法		
		KPI	行动计划	反馈报告
·稳定团队 ·提升团队效率 ·激发工作激情	1. 业绩指标考核体系建立	员工满意度 ≥ 90%		
	2. 多维激励体系满足员工的多维需求	员工流失率 ≤ 8%		
	3. 激励体系的极致状态是无须激励	0.19% 的员工能晋升为"合伙人"		
迭代方法论				

（3）荣誉体系

　　每个人都有趋向高尚的冲动，所以常常仰望崇高。

　　大多数有清晰的自我定位、追求实现自我价值的人都非常珍视荣誉感。这个"自我"既可以指代个人，也可以指代个人所领导的团体。

　　健全的荣誉机制可以使平凡的岗位因为态度而熠熠生辉，可以让普通的员工因为善行而伟岸不凡，可以使朝九晚五的平淡生活过得异常精彩，可以使不断重复的工作显得别有意义，从而在企业内部产生精神提振的内在动力。

人无德不立。为建立荣誉机制，可以在企业内部树立企业核心价值观的榜样人物，树立价值观体系下的工作态度样板，可以将企业核心价值观形象化、具体化、典范化。企业倡导什么、宣传什么、奖励什么，身处其中的企业员工就流行什么、学习什么、追寻什么。

那么，荣誉机制该怎么建立呢？

有的企业天天在宣导企业的荣誉体系，却没有太大效果，员工不胜其烦。其实，建立荣誉体系有一个重要的前提——物质基础。《管子》有云："仓廪实而知礼节，衣食足而知荣辱。""知礼节""知荣辱"某种程度上就是荣誉感的体现，而荣誉、尊严这些精神层面上的东西不是凭空产生的，前提是"仓廪实""衣食足"。

要有"面子"，得先有"里子"，正所谓物质文明决定精神文明。当然也有物质贫乏环境里人们对荣誉感尊崇备至的特殊时期，但是这种情况多发生于特定的历史条件下。

相较传统企业，互联网企业更加重视荣誉机制的建设，并且将荣誉机制融入产品，形成体系化的创新。网络综艺、网络游戏、电子竞技、体育赛事等行业或产品将荣誉机制做成了时尚标签，创造出用户日思夜想、心心念念欲得之的饥渴感，让人毫不犹豫地投入沉没成本，继而欲罢不能。

从五位数的 QQ 号到《超级女声》，从微博加"V"到网络达人，从 KOL（关键意见领袖）到"网红"，从美国职业篮球联赛 MVP 到《王者荣耀》等，互联网平台和现代服务业将荣誉机制的价值发挥到了极致。其他企业可以充分借鉴它们通过用户参与宣传的荣誉机制，通过用户互动放大荣誉价值的宝贵经验。

需要指出的是，荣誉机制的建立应遵循以下基本原则。

一是周期化。周期化的荣誉机制会让人产生期待感，固定名称可以将荣誉机制标签化，经过时间沉淀，让荣誉和价值画等号，从而将荣誉价值具象化、显像化，给用户一个确定的期待。

二是需要做足仪式感。荣誉机制是意识形态领域的企业文化品牌，文化需要仪式感作为载体，做足仪式感才能唤醒心底的崇敬与庄严，才能真正产生"示范效应"。

三是荣誉的设计既要考虑普适性又要考虑引领性。有普适性才能吸引全员参与，才有群众基础；有引领性才能彰显荣誉的价值感。每年，阿里巴巴和华为都把优秀员工的评选比例定在 20% 以上，这个比例的设定是经过多年效果观测总结出来的。20% 的正能量员工会影响 60% 的人跟随，最终让企业 80% 的员工充满正能量。

相反，一个企业负能量员工的比例必须控制在 10% 以内。对于态度和技能均不匹配岗位需求的员工，要形成良性淘汰机制。企业组织中，人的出口"通"了，入口才会"畅"。

在企业组织中，绩效体系奖励的是能力，荣誉机制激励的是态度。这两个机制可以打造出想做事、能做事的高效团队，为执行力提供能量基础和团队保障。对于每一种荣誉都要注意充分运用线上线下渠道"广而告之"，荣誉名称设计要有时代感。

华为是坚持贯彻物质激励和精神文明建设双轮驱动的典范企业，用荣誉感激发责任感，将公司的使命、愿景与员工工作动机相结合，在规则制度基础上信任员工，从而激发员工持续高效完成目标计划的内在动力。

华为每年的勋章都会成为公司年终的热点话题，勋章的设计和堪比硬币的制作工艺，以及发放的仪式，都会成为获奖者的重要回忆，让旁观者不由自主地心生艳羡。

瑞幸咖啡荣誉体系计划表

长期目标：满足公司计划目标对人力资源的需求				
短期目标	策略	方法		
		KPI	行动计划	反馈报告
·宣导企业价值观 ·激发员工荣誉感 ·以先进带后进	1. 荣誉体系设立遵循普惠原则	获得荣誉的员工比例 ≥ 10%		
	2. 做足仪式感	每年 1500 万元经费保障，激励价值不低于投入的 10 倍		
	3. 引领进取心	人均产值每年提升 5%		
迭代方法论				

瑞幸咖啡的荣誉体系建设和其他团队一样，将部门（人事部）的短期目标自动作为绩效团队的长期目标，然后再据此设定短期目标，将其转化为KPI，并制定策略和执行计划。

至此，我们可以通过瑞幸咖啡的案例看出：核心业务线的计划被层层分解到每个岗位，如同人体的静脉；支撑线的计划分解则如同人体的动脉；每个小团队则是毛细血管,血液必须送到毛细血管,才能保持组织结构充满活力。

　　绩效体系能产生物质激励，让团队走得更快；荣誉机制则激励团队走得更久。其前提都是团队的基本素养值得信任，这份信任包括工作态度和工作能力。打造值得信任的团队，需要团队不断地迭代优化。

6.5　第五项修炼：迭代创新

　　大家都知道，只有生命体才具有新陈代谢的能力。如果一个企业组织，其团队能不断迭代，新人能不断加入，不匹配的人能被善意淘汰，这样的团队就具有新陈代谢的能力。如果团队在执行过程中，能在从计划到结果的全过程里不断创新解决方案，不断提升执行效率，这样的团队就具备迭代力。团队迭代能力和迭代创新能力两者互为因果：团队迭代能力越强，该团队的迭代创新能力就越强；而迭代创新能力越强，该团队的迭代能力也一定越强。

　　团队迭代和迭代创新是迭代力的两种不同的表现方式：团队迭代是对内迭代，它让团队自我优化，更具执行效率；迭代创新是对外迭代，通过对目标客户的分析、对竞争环境的分析、对行业趋势的研判、对新技术的应用等，以创新思维解决问题，从而建立竞争优势，成就商业奇迹。

　　团队迭代可以为企业"守正"，而迭代创新可以"出奇"。

（1）团队迭代

　　团队迭代的目的是让团队具有新陈代谢的能力，也就是赋予团队自我"代谢"的功能，从而让优秀的人才能源源不断地进来，让每个人都能在合适的方向上不断提升，让成长快的人能适时得到晋级，不匹配的人能被善意地淘汰，从而形成一个良性循环的组织系统。

在初创期和发展期，品牌本身的吸引力尚不足够的前提下，企业吸引人才主要依赖创始人的个人魅力、使命感召和愿景驱动。纵然如此，组建一支高效能团队也算是奢望。

在"野蛮人"横行的年代，企业发展不仅要走对路，还必须有足够快的发展速度，这就要求企业具备极致的执行效率。极致的执行效率一定不能寄托于企业领导的个人能力——那是不可持续的——而应该是全员个人能力的有机聚合。那么，如何让世界上最难管理的"动物"能够有机聚合，产生叠加效应？答案是建立迭代型团队。在企业发展的过程中循环迭代，赋予团队自我优化和成长的能力，驱动企业发展，而企业的发展又可以提升企业的品牌价值，从而实现良性的迭代循环。

迭代型团队以招聘为入口，以良性淘汰为出口，打通入口和出口，赋予团队新陈代谢的功能——优秀的人能进来，不匹配的人能和谐离职，从而实现团队的自我代谢和迭代优化。

关于团队迭代的主要流程，有以下这些注意事项。

第一，招募需要遵循以下原则：

● 形成可行的招募方法论；

● 以乙方的心态进行招募；

● 以明确的交易条件签约，达成企业和员工双方的契约；

● 以企业核心价值观为基本准绳。

内部要形成企业岗位人才匹配的方法论，通过岗位匹配、人才培养、绩效体系建立、荣誉激励、考核体系明确等手段，力争让每一个人都能匹配到合适的岗位，实现人力资源的效率最大化。

第二，培养人才、激发潜能可以通过以下方式来实现：

● 技能 + 态度 + 目标的培训；

● 优秀员工的能力提升培训；

● 高一级岗位的技能培训；

● 领导力培训；

● 行业宏观能力培训；

● 自我修养培训。

第三，要设计晋级通路，让每个员工都能做最优秀的自己：

● 员工的级别设计；

● 所有岗位的起点级别和重点级别，以及晋升条件设计；

● 所有岗位的晋升条件是能力提升而不是工龄增长；

● 薪酬体系数额调整的规则；

● 每 6 个月实施一次"薪酬审定"。

第四，每月施行"契约检查"，对表现好的及时奖励，对表现不好的及时提供帮助：

● 员工给公司评分，内容包括收入满意度、心情满意度、成长满意度；

● 对于不满意的员工安排专人交流，吸收意见和建议，及时迭代；

● 部门经理需要了解每个员工的评分，并对差评进行迭代优化；

● 部门领导对所有直接下属评分，内容包括态度、技能、贡献度，评价内容让员工知晓并签字确认；

● 人事部门负责"契约检查"的实施并进行监督；

● 人人都可以匹配到合适的岗位只是愿景或目标，现实中一定还有和岗位不甚匹配的人，对这部分人要建立良性的退出机制，善意淘汰，这是负责任的企业应有的担当，也是雇主形象管理的一部分。

第五，辞退不是因为不好，而是善意地帮他找到更合适的岗位：

● 帮助拟辞退员工做好职业规划；

● 帮助梳理适合该员工的岗位所需的知识结构、能力要件、学习路径；

● 有条件的情况下，给予岗位机会推荐。

在企业管理中，多数企业能管理好员工入口，却很难管理好团队迭代的出口。"你被开除了！"只具备雇佣思维的企业管理者经常这样淘汰员工。

曾有位人力资源高级专家说："所有的管理人员都要对各自部门的有效运作负首要责任。这就是说，要让合适的人在合适的岗位上工作，在一个可接受的水平上履行职责。如果员工的表现欠佳，而管理者已经认真努力地帮助员工改善工作表现，那么这时管理者的职责就是解雇这位员工。"

企业经营过程中一定会碰到主动解雇的问题。但遭到淘汰的员工，绝大多数只是和该岗位不匹配，和该企业的价值观不匹配。如果员工离职时常是不欢而散的状态，那么这一定是企业的团队迭代方法出了问题，其方法本身就急需迭代。

一个入口流畅、员工成长路径清晰、出口和谐的团队，才是真正具有迭代力的团队。如果说"狼性"团队是硬功玩家，迭代型团队则是太极高手，出掌柔和却内力充盈，暗含巨大的能量。

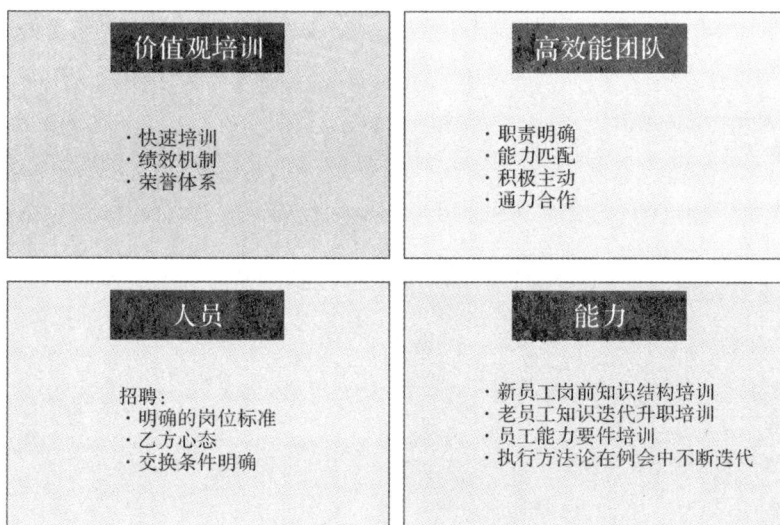

价值观培训	高效能团队
·快速培训 ·绩效机制 ·荣誉体系	·职责明确 ·能力匹配 ·积极主动 ·通力合作
人员	能力
招聘： ·明确的岗位标准 ·乙方心态 ·交换条件明确	·新员工岗前知识结构培训 ·老员工知识迭代升职培训 ·员工能力要件培训 ·执行方法论在例会中不断迭代

▲ 团队执行力迭代矩阵

团队迭代主要通过三大场景来实现：一是新老员工的更替，场景是招聘和辞退；二是通过培训激发员工的潜能，培训是团队中个人迭代的场景；三是执行方法迭代，方法的迭代场景是例会——每个团队将计划自上而下分解，而完成情况则自下而上汇报，这时候，例会就是最佳的迭代场景。

个人迭代是团队迭代的前提和基础，包括工作态度、知识结构和能力要件三个部分的迭代。迭代的场景要么是培训要么是例会，还有的企业通过"团队建设活动"进行工作态度的迭代。培训让人"知道"很多，但真正要让员工"得到、做到"，还需要在工作实践中反复迭代，而实践中最好的迭代场景就是例会。因此，公司内部所有的部门都必须建立铁打的例会制度。

例会是对计划执行情况的检阅，是对迭代信息的收集，是对迭代方法论的讨论和形成，同时还是对迭代效果的二次追踪，以及再次迭代的开始。

具体来说，例会的内容及方法应该为：

● 所有部门必须有"铁打"的周例会；

● 以"PDCA"为会议主题（P：计划，D：执行，C：检查，A：调整）；

● 管理者以"听"为主，尤其注意对问题的收集；

● 永远不要批评员工；

● 每次例会都有可能迭代组织结构内的内容（岗位、职责、能力要件、方法论等）；

● 团队学习和分享，任务迭代，分享会；

● 以"周工作日志"为例会主要内容，会议后须更新业务计划；

● 相关的勋章评定体系；

● 重大工作的进度及其协调。

例会是团队执行迭代最重要的载体，执行迭代始于计划，终于报告，报告和计划的比对结果就是迭代的目标任务。这些都是在例会上发现并找出迭代方法论的。下一次例会继续对上一次迭代效果进行检验，同时验证迭代方法论，如此循环，形成迭代力。

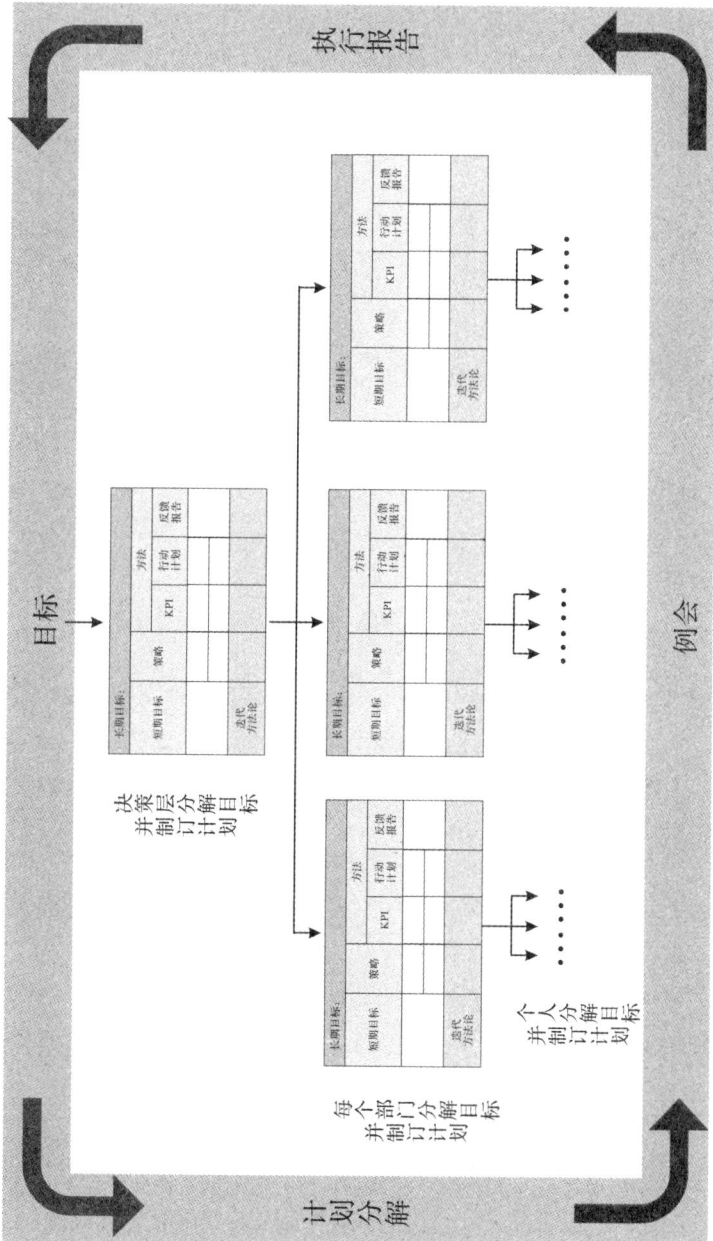

▲ 以例会为载体的迭代

外部环境的变化不会按照企业年度战略规划的节奏每年发生一次，因此企业应利用例会定期分析外部环境的动向，从中寻找能够引发市场巨变的契机。较高的讨论频率能有效地促进员工积极关注、主动留心外部环境变化的蛛丝马迹。

很多时候，人对结构性变化的认知有滞后性特征，很多人们起初认为稀松平常的经营性问题，到后来往往发展为趋势性问题。因此，若组织上下各个层级都有这样的意识，就能更早、更准确地发现市场巨变的到来。

如果周例会的时间有一小时或更多，那么刚开始的 10 分钟就可以用于探讨外部环境有没有出现什么不同寻常的新动向，或者可以请每位参会人员谈谈其他行业过去、现在及未来有可能出现的市场巨变，分析一下出现的变化是什么、为什么会发生、怎么发生的、借助了哪些必要条件。

这样的分析应该是自己通过公开信息、独立思考取得的研究成果，而不是简单照搬咨询公司的建议或别人的观点看法。发现问题之后，大家一起进行启发性思考：在市场巨变的过程中，各个企业的应对之策是什么；哪些问题可以忽略，哪些变化值得借势发挥，变中求胜。这样的分析能帮助团队拓展视野，提升整体的洞察力。

在周例会上探讨外部环境的变化，分析其他行业的市场巨变，不仅能引发个人的深入思考，还能改变个人对变化的恐惧心态，使个人更敢于发现与自身业务相关的外部变化。这对于激发个人潜能、培养团队能力，都是极为有效的方式方法。

如果这样的做法能够贯彻于组织的各个层级，那么整个组织都可能因此变得更加关注外部环境，更加勇于接受变化。

（2）迭代创新

想法很美好，现实很骨感。我们常常不得不承认企业的方方面面都是不完美的。

在充分竞争的行业，企业经营日常一定有诸多难以逾越的困难，当此路不通的时候——比如说，需求得不到验证，产品功能定位摇摆，始终找不到差异化商业模式，难以成长为行业领导型企业，等等——都必须回到需求分析环节进行迭代，重新寻找企业在行业价值链上的定位。

重新寻找行业价值链定位有两种方法：一是沿着需求等级往上走或者做跨界组合，二是结合行业上下游寻求跨界创新。

如今，年轻的创业者如雨后春笋般一茬接一茬地成长起来，他们的视野更开阔，不少人从一开始就有全球眼光；他们更有创造力，拥有颠覆创新的勇气；他们更加自信，面对困难从容不迫，视荆棘之旅如坦途；他们更懂得协作，从企业创立之初就懂得寻找性格互补的合伙人；他们更尊重人性，在股权设置上一开始就考虑员工持股，以股权激励。

他们不但抓住消费互联网的历史机遇，而今又在超前布局智能时代的更大机遇；他们已不再满足于"创造性模仿"，而是力求创新；他们懂得研究源自市场结构变化、人群认知变化和消费者内在需求变化的商业机会，在潜移默化中把握其中的市场机遇。比如，在直播、短视频、共享经济、移动支付等领域，中国的高成长企业的表现均已领先全球。从全面跟跑到部分领跑，都源自于这一代创业者的创新实践。他们的心态更加开放，理念更加新潮，他们代表着中国经济的创新力量。

创新本身其实是不分年龄、不限人群的，只要学习和掌握了创新思维方法，每个人、每家企业都可以创新。

创新包括渐进式创新和颠覆式创新。中国人擅长渐进式创新，也叫作改进型创新。自改革开放后，我们的模仿能力带动了中国经济创造出 40 年超常规发展的奇迹。而今，当中国经济开始引领世界的时候，创新驱动既是国家意志，也是企业直觉，还应该是个人自省。

创新是可以被设计出来的。

例如，有一家大型工厂位于一个海岛上，因为没有桥，人们的工作生活极为不便。为了解决这个问题，必须造一座桥。这时候渐进式创新思维可能考虑的是：要造一座什么样的桥？如何做到既让车辆通行，也能让非机动车和行人不受干扰？预算怎样控制？如何将这座桥造得更美观，还不受台风影响？总之，渐进式创新思维考虑的一切都是如何造桥。而颠覆式创新思维考虑的是回到用户需求，解决交通不便的问题：能否不造桥，将工厂搬回来？如果一定要解决交通问题，那么能不能建隧道，或者干脆建设一家新工厂，将岛上的工厂改成旅游景点？颠覆性创新思维总是围绕需求本质进行思考。

通过上述例子，我们可以清楚地看到两种思维模式的差异。但这两种思维模式在不同的企业和不同的场景下各有其核心价值。

大型成熟企业转型时，传统业务还有市场空间，还有巨大的市场规模，只要在产品创新上领先同行，就可以产生足够的竞争优势。这时候避免激进，运用渐进式创新思维是不错的选择。汽车行业就是这类的典型。我们姑且不论互联网造车的社会争议，仅仅看吉利汽车运用渐进式创新获得今天的市场地位，就足以领会到渐进式创新思维的价值。

企业处在需要超越的位势时，就应该采用颠覆式创新思维。采用非常规手段，才能实现超越。市场上无数大战已经充分印证了颠覆式创新思维带给初创企业、中小企业成就卓越愿景的希望。

有人说："你不是用户，你没法知道他们真正的需求。"没错，我们不可能做什么产品就把自己变成使用该产品的用户，但产品又必须满足用户的真正需求，那么如何做到？

答案是：同理心。把自己当成用户，站在他们的角度思考，模仿他们的行为轨迹，理解他们的抱怨和困难，从中发现商业机会。

用户思维历经多年发展，我们不再赘述。模仿用户的行为轨迹可以通过绘制"用户旅行地图"的方式来实现。

例如用户去医院这样一个场景。第一步可能是排队挂号，这时候长长的队伍消耗了很多时间，用户先是抱怨，然后祈愿能不能快一点；挂号之后要去找医生，用户会考虑这个医生的医术怎么样；排队就医的时候，用户会想知道还有多少人排在自己前面，需要等待多少时间；如果队伍过长，那么这时有没有更好的医生可选择；看完医生，医生可能开了几张检验单据，用户需要去不同的部门做检查，有可能还需要排队；最后用户拿到检查结果，回到医生的门诊室——其实这时候才算是正式开始看病：发现病源，找出病根，开出处方……

在以上过程中，如果运用创新思维就能发现很多商业机会：挂号能不能在手机上完成？希望找到更好的医生，那么有没有办法提前选择医生？等待医生检查很浪费时间，能否事先预约医生的时间？去各医院各部门做检查，每个环节都需要等待，能否开发一个采集仪器，只要戴在身上，就能随时收集个人的健康数据？又能否建立一个健康平台，将所有人的日常健康数据通过个人终端收集存放在这个平台上，并与医生的电脑连通，让医生随时可以看到数据？

凡此种种，只要人类还有痛苦和不满，就有无限的创新机会，隐藏得越深的需求往往意味着越大的商机。只要带着同理心，沿着"用户旅行地图"，就一定能找到好的商业机会。

创新的特点是前期投入巨大，后期收获长尾效益。因此，大企业天生具有优势。而中小企业、初创企业面临创新人才招募和创新投入两大门槛，这时候，借鉴式创新就成为较为理想的选择。

比如剃须刀通过免费送刀架带动刀片的销售，这样的销售方式被手机行业借鉴，于是移动运营商推出了办套餐送手机的服务；在电子商务平台上下单服饰然后快递上门的购买方式被甜点行业借鉴，于是出现了"幸福西饼"；自行车共享服务推出，其他产品开始借鉴，于是掀起了共享雨伞、共享充电宝等一股风潮……

创新是未来的核心驱动，但又充满了不确定性，这种不确定性会带给企业潜在的风险。因此，小成本试错、快速迭代就成为创新过程中进行风险控制的极佳手段。发现需求，早试错、快试错、多试错，在试错过程中验证出商业逻辑，寻找价值坐标，确定商业模式。

迭代力是一种思维能量，拥有迭代力能发现高价值需求，创造性地满足需求，并通过创新商业模式形成可执行的计划，最后经由计划、组织、团队的执行而落地。如果在执行过程中保持迭代力，就能跑赢对手，从而成长为行业头部企业。

商业模式迭代创新工具——商业模式画布

价值链	价值坐标	价值传递	客户
如何生成产品和服务？	什么产品和服务能够满足目标客户的需求？	如何传递和推广价值主张？	谁是我们的目标客户？

盈利模式
如何为股东和利益相关者创造利润？

企业经营是一场长跑，除了上图商业模式画布中的五大模块，还会受到政策、技术等诸多因素的影响。营商环境的快速变化时刻在挑战企业经营者。昨天认为是对的需求，今天不一定正确了；昨天确认过的场景，今天不存在了；昨天认为处于舒适区的战略目标，今天变得"不舒适"了……面对快速变化的环境，企业经营者的想法往往很美好，现实却不能尽如人意。

企业经营是一场修炼，目标有了，计划不到位；计划有了，执行不到位；执行有了，团队出问题；团队有了，竞争对手又来高薪"挖墙脚"。中国企业家往往崇尚出奇制胜，这无可厚非，但企业的计划分解、组织保障、团队建设、绩效赋能、迭代创新这五项修炼是企业内部管理的正道，如果不能"守正"，仅仅期望听一堂大师讲座或者上几年工商管理课程就能实现愿景目标，是万万做不到"出奇"的。正所谓，守正才能出奇。

如果企业迭代能力强，资源可以从无到有，规模可以由小到大，资金可以筹集，团队能够引进。而迭代力只能通过内部建设获得，花钱也无法买到。如果你的企业还没有处在竞争状态，那么赶紧行动起来，建设持续的迭代力。未来决定企业竞争力的也许不是资源、不是规模、不是资金、不是团队，而是迭代力。

第七章 迭代力：让企业从优越到卓越

　　企业从起步到卓越是一段艰难而漫长的过程。初创时，企业领导者不知道做什么、能做什么、还有什么机会，几经挫折，总算找到了企业的价值坐标，终于在残酷的竞争中验证了商业模式，并尽全力将商业模式落地执行。绝大多数企业就此止步，只有那些心怀使命、勇于担当、眼界更高、格局更大的"梦想家"，才有源源不竭的精神动力，驱动企业继续向前，使之逐步成长为卓越企业。

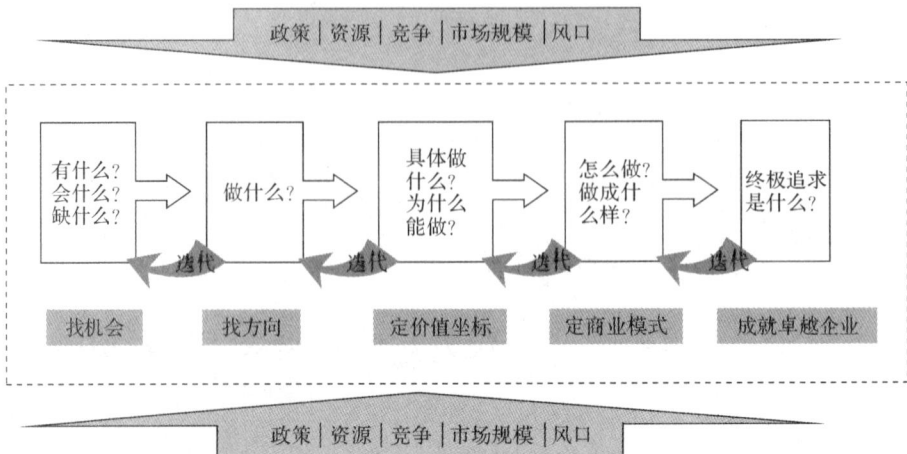

▲ 卓越企业成长路径

都说管理是科学，而领导是艺术，那么，企业的行业领导力到底是什么？

现实生活中，管理和领导两个概念常常被混淆，人们在意识里总是习惯性地将二者画上等号。

如果说管理倾向于科学，要求掌握科学的理论和方法，那么领导力则更倾向于艺术，要求的是达到平衡。所谓平衡，其实是一种要不要放弃的内心博弈——领导者能够在企业处于低潮时看到美好的东西，在企业辉煌时时刻保持危机感，从而能在关键时刻梳理出使企业更上一层楼的第一要义。管理者的领导力只是企业的行业领导力的重要组成部分。

企业从成功到卓越，还隔着使命和愿景两个"太平洋"的距离。

7.1　使命

使命的表现就是责任感。责任感是可以创造价值的，很多企业之所以能称得上是行业领导者，是因为它们时刻不敢忘记自身的企业责任、行业责任和社会责任，并将三者融为一体。这样的企业才是创业者的终极追求。

一个行业中真正的领导者，是那些有足够利润空间，能够为整个行业的发展打开创新空间，让更多同行存活的企业。行业领导力最突出的特征，不是无处不在，用价格战和倾销手段"杀敌无数"，而是占据高附加值地带，促进行业长期可持续发展。就如一棵高高的大树，对上遮住烈日，对下撑出一片阴凉。

海康威视是 A 股市场市值最高的科技公司，多年前，它就身居全球安防企业的龙头位置，但直到 2016 年的杭州 G20 峰会，因为为峰会提供安防解决方案，海康威视才开始被人关注。17 年前，28 名工程师放弃中国电子科技集团第五十二研究所的铁饭碗，开始创业之路。2014 年，海康威视已经发展成为全球最具实力的安防整体解决方案提供商。

海康威视在引领中国乃至世界安防技术变革的同时，还带动了数十家企业做大了规模，其中为其提供安防芯片的通富微电子股份有限公司还在不久前成功上市。

但海康威视没有满足于此，而是开始进军人工智能研究领域。2017 年，它以"云边融合"引领智能应用发展趋势，开始联合微软、英特尔、英伟达（NVIDIA）、滴滴出行、浪潮集团等企业，携手启动 AI Cloud 生态，以公共安全升级、城市治理升级、商业管理升级为愿景，以引领城市智能化为使命，开始向受人尊敬的卓越企业迈进。

无论最终海康威视能否成就百年基业，其心怀使命的行业担当都值得尊重。而缺乏使命感的企业，无论做到什么规模，盈利能力多强，终归只能称得上优秀而非卓越。

案例：为什么华为是行业领导者而联想不是？

最近，在第三方咨询机构 IDC（互联网数据中心）刚刚公布的全球 PC 市场出货量排名中，联想 PC（个人计算机）市场第一的宝座被惠普取代。从 2013 年第三季度开始，其连续 14 个季度保持全球 PC 出货量第一的纪录被打破。

2017 年 5 月 25 日，联想集团发布了 2016—2017 年度财政业绩报告，集团全年总收入为 430 亿美元，PC、移动及数据中心三大业务板块的收入都在下滑，移动业务更是亏损 5.66 亿美元。截至 2017 年 5 月 29 日收盘，联想的市值仅为 70 亿美元左右。这是个非常尴尬的局面：年收入超过腾讯和阿里等互联网巨头，但市值还不及二者的零头。

"搭班子""定战略""带队伍"是柳传志提出的管理三要素，其中，柳传志在"带队伍"方面提出了一套独具特色的方法论——"斯巴达克方阵"。

古希腊时期，斯巴达人曾以一种阵型横扫欧洲大陆。

方阵中每个人都身穿防护上半身的轻钢盔甲，头戴铁盔，左手持圆盾，右手持长矛。作战的时候士兵排列为肩并肩的紧密阵型，最前排的士兵一起将长矛举平，指向前方，后排士兵将长矛架在前排士兵的肩上，构成一面由长矛组成的墙壁，踏着一致的步伐像一座正在移动的大山般压向敌人，对敌军进行碾压式攻击。这种模式主要强调制度、纪律和集体主义，在 PC 时代曾帮助联想成功夺得 PC 出货量冠军的宝座。

在联想，所有团队成员都是方阵中的一员，所有的高管都是同质化的。这样的好处是企业的优势可以"代代相传"，劣势是管理者能力的短板无人弥补。从个人和团队来说，联想的管理是成功的；从企业战略来看，不迭代的联想，其实早已埋下了失败的种子。

2005 年前后，社会对中国创业"元老"们如何交棒的问题热议不断。联想也同样面临这个历史阶段。杨元庆接棒后的联想曾经历过市场起伏，柳传志不得不二度出山稳定局面。企业对创始人依赖至此，可以肯定地说，联想虽取得了市场的阶段性成功，却仍然是个"皇权型组织"，未能在组织体系上形成良好的组织生态，从而具备自我代谢能力。这一时期的联想，柳传志的个人长板成为企业的天花板，只能学习，无法超越。

杨元庆毕业后进入联想，从电脑销售做起，20多年来一直在这个市场里摸爬滚打。柳传志评价他"业务感觉很好"，他的同事也这样说：用什么（PC）产品，在什么市场，什么时间点上市，他基本能够把握准确。

在PC市场，他划分出成熟市场和新兴市场，创新了不少打法，复制联想的两种业务模式（交易型业务和关系型业务），采用了"保卫＋进攻"的双拳战略。在保卫战方面，联想更关注业务的盈利能力，保证利润最大化；在进攻战方面，联想的重点是通过不断的投入来提升市场份额，使之达到10%以上，而不是追求短期的利润。

上面这些都是保证联想PC不断成功的关键。但是到了秒变时代，这些还管用吗？

因为一直浸淫在低利润的PC制造业，杨元庆变得严谨、审慎并且追求完美。在公司内部，他的风格是"说话都是深思熟虑过的，基本上说出来就是需要立刻执行，马上行动的"。杨元庆是绝对的权威，不容任何人挑战。

这带来的直接结果就是，下属只会投其所好，报喜不报忧。在这种氛围下，领导者决定了这家公司的所有动作。这一时期的联想，领导者的个人短板成为企业发展的天花板。

正是因为如此，外界一直认为这位 CEO 需要为联想大部分错误买单。但是如果换个领导者，谁又是好的人选呢？

拥有先发优势的联想在完成了从需求到产品、从产品到生意两次跨越，并且大获成功之后，始终缺乏使命与愿景，甘于停留在产业价值链的低端，未能在芯片、操作系统等核心技术领域寻求突破，以至于在 2018 年中美贸易战，美国通过芯片技术打压中国产业时，联想被作为缺乏使命的企业典型在网络上受到了全民讨伐。

反观同时期的华为，个人迭代、团队迭代、组织迭代都成为制度，成为习惯，成为信条。轮值 CEO 制度、堪称楷模的股权激励、制度化的批评与自我批评等，华为的典范式迭代型组织设计是成就今日华为的组织保障。

员工眼中的任正非是霸气而又谦卑的。任正非的自我认知能力非常强，他很清楚自己擅长什么、不擅长什么，优缺点是什么，将自我批评的精神不仅用于自身，同时也应用到企业管理中，这成为华为的核心价值观之一。其先天性格因素中的意志力和耐力在后天的持续努力中不断得到强化，他在学习成长中开阔了眼界和胸怀，做事自成霸气；长期坚持自我批评，又让他不会陷入自我陶醉的状态，始终能具备谦卑的品格。

更为难能可贵的是，华为从"山寨工厂"起步，一步步奋力进军至产业链顶端，最终成长为技术领先的通信行业"巨头"。麒麟970、麒麟980芯片更使华为拥有无惧技术封杀的足够底气。

通过以上对比，我们可以清晰地感知两家企业使命不同，境况悬殊。谈论联想时，人们一般会认为它是一家生意做得很大的企业；而谈到华为，则会心生敬佩、引以为荣。这就是行业领导力的魅力所在。

7.2 愿景

几乎所有人，在谈到企业的使命和愿景时，都会形成"应激反应"：那是大企业的事。初创期，活着才是根本；发展期，速度才是王道；成熟期，盈利才是追求。

知名投资人朱啸虎说：那些有清晰愿景和使命感的创业者更容易获得成功。马云在1997年提出"让中小企业的产品卖到全世界"的时候，大多数人把他当作骗子；乔布斯提出智能手机构想的时候，诺基亚选择了无视；现在，马斯克的火星移民计划被大多数人当作笑话……但不得不承认的是，那些引领社会进步、重构世界格局的人一定具有超越常人的眼界和格局。

愿景表现为格局。同等环境下，领导人的格局决定企业的发展高度。我们可以根据日常认知将格局分为以下几个层级：

- 个人观，表现为：职场人士——做最好的自己
- 家庭观，表现为：为人子女——光宗耀祖、传宗接代
- 团队观，表现为：团队领导——打造狼性团队
- 组织观，表现为：企业领导——组织利益高于一切
- 民族观，表现为：企业——做民族品牌
- 国家观，表现为：央视——国家品牌计划
- 世界观，表现为：马云——"eWTO"
- 人类观，表现为：谷歌——"不作恶"
- 宇宙观，表现为：马斯克——火星移民计划

中国科学院院士牛文元说：一个具备责任感的现代企业，上可顶天，下可立地，中可以成人。万科集团成立了专门的部门做企业社会责任方面的研究——万科每年可以从利润中拿出多少钱来履行自己的"企业公民"责任；在对环境的责任、对社会发展的广义贡献方面，可以怎样发挥万科的优势；等等。

有愿景不一定能成就卓越企业，但没有愿景一定不能成为卓越企业！

7.3　行业第一不等于具备行业领导力

我们常常陷入一个误区：成为行业第一就具备了行业领导力。

在中国，很多企业管理者都存在着这样一个认识误区，即在整个行业中，

如果能够成为第一，就意味着具备了行业领导力。然而，是这样的吗？

众所周知，华润雪花啤酒在行业内已经做到了产销量第一，但没有人认为它已经成为啤酒行业的领导者；百事可乐曾一举超过可口可乐成为"英雄"，但人们还是认为可口可乐是其所在行业的领导者，是一家值得信任的老牌企业。实际上，企业的行业领导力不仅仅体现在量上，更体现在质上。"行业第一"只是一个企业在量和规模上的反映，而企业的行业领导力更多的是通过一种厚度来体现的。这种厚度包括企业的品牌价值、企业形象认知及企业自身的社会属性。

有位成功企业家曾经说过："任何一个企业成为行业领导者，并不仅仅是因为其业绩或者市场份额的一时领先。"也就是说，成为名副其实的行业领导者，并不是简单地因为其做到了规模和量上的第一，而更在于其成长轨迹、思想、影响力、胸怀与气度，以及它带领着一个行业不断地成长和发展，甚至影响着时代的发展。

唯有做到企业的厚度与发展速度并重、企业的社会属性与经济属性并重、企业的做强与做大并重，才能对行业和社会经济发展有重大影响力。也唯有如此，才能谈得上是真正的行业领导者。

7.4　没有迭代力，领导者会成为企业发展的天花板

失败后的痛苦反思，是最值得企业家珍惜的"鸡汤"。

2004 年，我们从好耶网退出后，迅速投入了下一个创业项目——大旗网当中。

在 BBS 时代，全球的中文社区约有 20 万家。这些社区各有自己的用户，每天产生的 UGC（用户原创内容）约 56 亿条，其中约 76% 的用户都是浏览型用户——想知道大家在读什么，却很少冒泡。如果一个用户希望得知兴趣不同的用户在谈论的话题，就需要登录不同的社区，花费时间浏览和筛选，时间成本较高。这里就产生了提高有效信息获取效率的需求。

大旗网（现已关闭）的定位为口碑聚合门户，引领中国口碑营销模式的发展，起步即获得 IDG（美国国际数据集团）数百万美元的天使投资，并在两年之后，成长为中国口碑第一门户，日均 IP 排名在全球 100 位之内。大旗网顺利完成从需求到产品、从产品到生意的两次跳跃。

2010 年，微博的出现拉开了移动互联网大规模普及的序幕，大旗网的发展陷入停滞。但因为现金收入还能维持在几千万元的规模，移动互联网带来的冲击未能引起大旗网的足够重视。之后的几年，大旗网错估了移动互联网的发展速度，没有采用正确的迭代方法，没有重新认识移动互联网时代的网民需求，而只是在产品和生意之间进行迭代。这个错误带来了后面连续多年的痛苦，最终，大旗网于 2015 年宣布关闭。

大旗网的失败有诸多原因，但如果方法对路，"今日头条"的自媒体平台和"小红书"的模式都是大旗网可发展的方向。战略迭代能力的缺失，是笔者本人创业历程中最大的遗憾。这也给中国商界留下了一个领导者的短板成为企业发展天花板的典型案例。

事实上，不只是领导者的短板会成为企业发展的天花板，领导者的长板也会成为企业发展的天花板，例如我们前面提及的联想案例。

　　马云曾说：成功只代表过去做对了，环境在变化，过去做对的事在未来基本没有什么参考价值，相反，每一次犯错却是非常宝贵的。市场上总结阿里巴巴成功经验的书籍都不是他希望写的，如果要写，他想写《阿里巴巴失败的 101 个案例》。也许你的企业现在很成功，但在秒变时代，过往的成功无法成为企业持续领先的资本。唯有迭代力，才能保证企业生生不息，基业长青。

　　企业完成第一跳（从需求到产品），解决了卖什么的问题，也就是寻找企业价值坐标的过程；完成第二跳（从产品到生意），就解决了怎么卖的问题，也就是寻找商业模式的过程；完成第三跳，即从生意到行业领导力的跨越，解决的是让生意更有内涵，让企业更有责任感、提升企业社会价值的问题。以上内容，总结了企业完成从需求到产品、从产品到生意、从生意到行业领导力三次跳跃的方法论，我们将这套方法论称为：战略迭代方法论。

▲ 战略迭代三级跳

瑞幸咖啡在创业之初，即确立了远大愿景：做中国的星巴克。

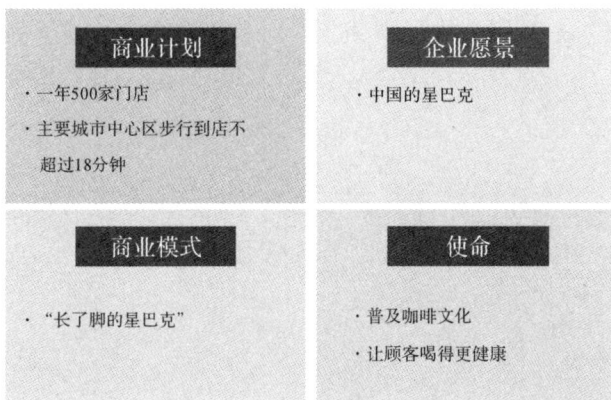

商业计划	企业愿景
· 一年500家门店 · 主要城市中心区步行到店不超过18分钟	· 中国的星巴克
商业模式	使命
· "长了脚的星巴克"	· 普及咖啡文化 · 让顾客喝得更健康

▲ 瑞幸咖啡企业愿景迭代

秒变时代，战略必须应需求的改变而调整，随竞争环境的变化而变化。变化那么快，唯有具备迭代力才能保证企业战略适时调整、及时纠偏。一如卫星导航会给我们提示路径，偶尔走错了，导航一定会及时更新路径，最终将我们引导至目的地。如果企业有这么一套导航系统，就可以确保方向正确，只需团队协力向前。

价值坐标已锁定，商业模式已确定，卓越企业的目标也已树立，接下来就让我们将商业模式转化为商业计划，让企业全力以赴，实施落地，心怀使命，直奔愿景。

第三篇 ▷

迭代力：卓越企业的加速器

迭代不是替换，而是复利。就像从山上滚下来的雪球，黏得不牢的雪自动掉落；最开始雪球很小，滚的时间越长，雪球越大。

在本书的前面几章，我们已经详细论证了迭代力建设的全过程，接下来，让我们看看拥有迭代力会给企业及个人带来哪些价值。

在当今社会，消费者产生的任何需求，都有一个个强大的组织来满足。每当市场上出现一个痛点，一夜之间就会有成百上千家企业意图来解除这个痛点，大量的资源和财富都被浪费在拥挤不堪的恶性竞争中。

在信息获取几乎没有障碍，人才流动充分自由的今天，企业依靠信息不对称或者技术的绝对优势获得市场成功的机会越来越小，只有站在用户角度，洞察需求，挖掘潜在需求，甚至创造需求，才能找到高价值的商业机会。但在秒变环境下，需求变得越发隐蔽和不确定。面对这种不确定性，迭代力之于企业已经不是必要的，而是必需的。

人类漫长的进化史就是一部基因迭代进化的历史；人类社会的进化，也是在一次次迭代中完成的。

　　迭代源于进化而高于进化。进化是生命体迎合适者生存法则的被动优化，而迭代是人类用智慧和洞察力进行的主动优化。进化因为被动，所以其进程受制于外部环境的变化节奏；而迭代是主动的，更适合复杂多变的商业环境。

　　从某种意义上说，人就是产品，从生命的孕育起便开始了迭代。在职场上，个人的职业竞争力需要迭代——管理能力、经营能力需要迭代，知识、认知需要迭代，工作方法也需要迭代。迭代的速度决定职业的高度。

　　企业也是产品。企业的成败取决于是否能找到需求并满足它，这个过程也需要企业在经营中循环迭代——战略迭代、执行迭代、团队迭代、产品与服务迭代。拥有迭代能力的企业，可以基于环境变化进行自我导航，保证企业战略方向不走偏；可以保持新陈代谢，不断优化团队竞争力；可以通过不断迭代执行策略和方法，让企业始终保持高效执行力；可以让企业更具创新思维，在竞争中出奇制胜。战略上正确、竞争力够强、团队执行有力、具备创新思维的企业也更容易打动投资人。资本赋能下的企业，可以迅速拉开与竞争者的差距，从而加速成功，形成行业领导力。

第八章　战略迭代：为企业精确导航

所谓企业，就是建立一套体系，把人组织在一起实践商业模式的组织。

今天的企业，成功则容易获得头部效应，赢者通吃；失败则就此销声匿迹，连说声"再见"的机会都没有。因此，企业在探索商业模式的时候，一定要学会迭代思维：用最低的成本完成最小的商业闭环，然后快速迭代，在最短的时间内找到企业的核心价值坐标，形成商业模式，塑造竞争优势。

但形成商业模式谈何容易！形成商业模式的前提是找到高价值商业模式，而探寻高价值商业模式无异于在茫茫戈壁上寻找一片绿洲，没人告诉你方向在哪，用什么方式才能成功找到，前进中几乎处处陷阱、步步惊心。而等你历尽千辛万苦终于看见一片绿洲，又会发现那里群狼环伺。如果没有异乎常人的勇气和智慧，就算近在咫尺，你也会与高价值商业模式擦肩而过，痛失机会。无数企业都在寻找商业模式的征途中沦为了"先烈"。

8.1　商业模式之殇

前面我们说过无论是大小企业，传统或互联网企业，都需要战略，然而很多时候我们发现了商机，但商机稍纵即逝且变化无常。那么，这种情况下，如何保证战略能够精准瞄准市场呢？

在进行商业模式设计时，需要考虑的因素众多：目标客户是谁？他们的需求是什么？企业能带给他们的核心价值是什么？这些价值和竞争对手比较有什么优势？价值如何有效传递给目标受众？传递过程中能否找到清晰的盈利模式？……诸多因素之间还相互作用、相互影响，可谓牵一发而动全身。

所有商业模式设计的起点都是用户需求。前面我们介绍过，好的商业模式必须完成战略三级跳：从需求到产品，从产品到生意，从生意到行业领导力。之所以叫作三级跳，是因为每一步都危机重重，跳过去是机会，跳不过去就是陷阱。

战略三级跳面临的主要陷阱有：

第一，需求的刚性不足。需求刚性不足有很多原因，有的是因为需求带来的市场规模不够大，难以支撑商业模式；有的是因为需求的频次较低或者需求强度不足，比如上门开锁的需求，强度很高，但频次太低；还有满足需求的机会成本高的情况，比如产品缺乏差异导致同质化竞争严重的行业就很难找到高价值商业模式，汽车后市场就属于其中的典型。在这类行业中，只有找到差异化明显的核心优势的企业，才有可能找到成功的商业模式。途虎养车以在轮胎市场积累的优势为核心，切入汽车后市场，取得了初步成功。

第二，产品未能高价值地满足需求。飞信是中国移动推出的一款移动通信产品。飞信诞生于 2G 时代末期，其彩色图片传输功能给以电话和短信为主要沟通手段的手机用户带来了前所未有的新鲜感。但推出市场后不久，3G 通信网络迅速普及，移动互联网飞速发展，在各种移动社交平台和信息资源类应用不断涌现的时代，飞信的产品功能远远落后于同类产品，最后惨遭淘汰。

第三，盈利模式陷阱。共享单车是近年来关注度极高的创业风口，也诞生了摩拜单车和 ofo 两大现象级创业项目。在资本的加持下，两家企业都经历了快速成长，但共享单车始终未能形成清晰的商业模式，使得这个行业的无数创业项目在短短几年中就经历了从巅峰到不得不黯然关门的悲欢起伏。即使是头部的摩拜单车，也不得不"卖身"美团。

第四，行业价值链陷阱。2018 年 3 月 9 日，当当网正式宣布"卖身"于海航系旗下的天海投资，引来无数感叹。这家中国最早的 B2C 电子商务网站曾经创造了国内同行中最早在美国纽约证券交易所上市的纪录，但"卖身"时却以 10 亿美元的估值退场，不得不承认这不算一个好的结果。当当网走到这一步经历了很多，但价值观的缺失、使命感不强是其发展受阻的深层原因。秒变时代，不能成长为头部企业，已经没有办法找到行业价值链上的坐标，而头部企业将赢者通吃。

今天，创新驱动、跨界融合仍在加速秒变，面对诸多陷阱，我们用了大量的篇幅介绍，唯有迭代力才能为企业成功导航。

8.2　迭代力：帮企业找到最佳商业模式

在传统工业经济时代，产品从研发到生产再到销售的周期长，试错成本高，迭代思维带给企业的价值体现不充分，但即便如此，产品仍然需要迭代思维。例如，一个研究成果如果要实现产业化，一般先进行小试，也就是小规模试验，在小试过程中发现问题并优化产品，得到验证后，会进行中试，也就是扩大试验规模。这同样是迭代的过程。只有当中试的结果满足大规模生产条件时，该产品才会投入规模化生产和销售。

迭代思维的普及，是在网络经济出现后。互联网的普及使迭代成本变得极低，这让快速试错成为可能。这一背景导致了一个普遍存在的认知错误：大家普遍认为迭代思维和迭代方法只适合互联网行业。然而实际上，是互联网让我们更有条件利用迭代思维和方法把握商业机会，降低投资风险。迭代古已有之且无处不在。

不过，不能否认的是：人们普遍缺乏迭代思维，更不懂迭代方法。

迭代在词典里解释为"更相代替"，也就是换一种呈现方式代替以前的面貌，以便更匹配新的需求。之所以要迭代，是因为企业的目标有可能是不确定的，只有通过试探用户得到反馈，才能发现新的市场机会。而迭代的周

166

期也是较为随机的，随机出现的问题必须即时解决。

在复杂的商业环境下，一切都变得不确定，这时候，迭代能力就成为在复杂环境中赢得竞争的关键。是否拥有这种能力，很可能决定企业的生死存亡。

企业发展的方向必须应外部变化、需求认知变化及时迭代。前文我们介绍了企业战略迭代能保证企业发展方向不走偏，那么，它是如何实现的呢？

下面我们通过一个创业案例，来说明迭代力是如何帮助企业找到最佳商业模式的。

2006 年，高校扩招后第一届毕业生进入职场。总量接近翻番的毕业生涌入职场，使得人才市场严重供大于求，岗位成为稀缺资源，各地招聘会人满为患。郑州招聘会现场，汹涌的人潮压垮了电梯，造成伤者无数；武汉招聘会现场玻璃幕墙被挤破，砸伤数名求职者……这一年，找工作成为最具热度的社会话题，应届生就业成了各地的"一把手工程"。

巨大的需求就意味着巨大的商业机会。人才中介开始火爆，招聘平台成为风口，服务于校园招聘的第三方也赚得盆满钵满。这时候，几个毕业 10 年小有所成的年轻人瞄准异地求职者的住宿需求开始创业，并在短短两个月时间开出了两家样板店——职达求职旅社。

这一时期的人才流动呈现出典型的单向流动特征：内陆高校毕业生绝大多数选择去沿海城市找工作，其中一线城市吸纳了超过一半的求职者。求职者初到陌生城市面临的第一个问题就是住宿问题。这一问题的解决办法有三种：去亲戚朋友家借宿，租房，住旅社或酒店。只有少数人具备借宿的条件，但具备条件的也可能因为不愿意寄人篱下而选择另外两种解决方案。租房需要一笔不小的前期投资，对于找工作尚有诸多变数的求职者来说，租房未必是最佳选择。因此，一线城市求职者的短期住宿需求规模巨大。

2004 年，如家连锁酒店在纳斯达克成功上市，带动经济型连锁住宿服务行业成为风口。锦江之星、莫泰 168、格林豪泰、7 天等经济型连锁品牌均以超常规速度扩张，单价不断下探至最低每晚 77 元。职达求职旅社借鉴了连锁酒店的业态模式，参照经济型酒店的硬件标准和服务标准，将客房床位替换成高低铺，提供从双人间到八人间，每晚最低 20 元的住宿服务。

服务一经面世，便引发现象级关注：300 多家媒体蜂拥而至，争相报道；中央电视台作为权威媒体不吝黄金时段先后三次进行专题报道；预订网站 Alexa 的排名迅速飙升进世界前 500 位——在 PC 互联网时代，国内只有头部门户和部分垂直门户才能取得这样的成绩。

职达求职旅社创业的第一步可谓顺风顺水，在极短的时间内完成了从需求到产品、从产品到生意的两次跳跃。

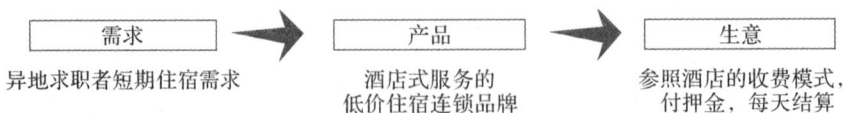

需求	产品	生意
异地求职者短期住宿需求	酒店式服务的低价住宿连锁品牌	参照酒店的收费模式，付押金，每天结算

▲ 职达求职旅社从需求到产品再到生意的两次跳跃

媒体报道、社会关注、网民热议，引发了风险投资基金和品牌加盟者的蜂拥到来。从 2007 年到 2009 年，当时国内最负盛名的风险投资机构或知名投资人纷至沓来，每一拨都需要多轮长时间面谈；此外，接待各地加盟商和媒体人同样耗费了大量的时间。在此期间，职达求职旅社扩张到最多 14 家门店，其中，直营店仍然为两家，其余均为加盟店。市场布局也从上海扩展到北京、深圳、广州、杭州等城市。

　　这个阶段的扩张中，吸引加盟商的是其清晰的、独具特色的价值坐标。

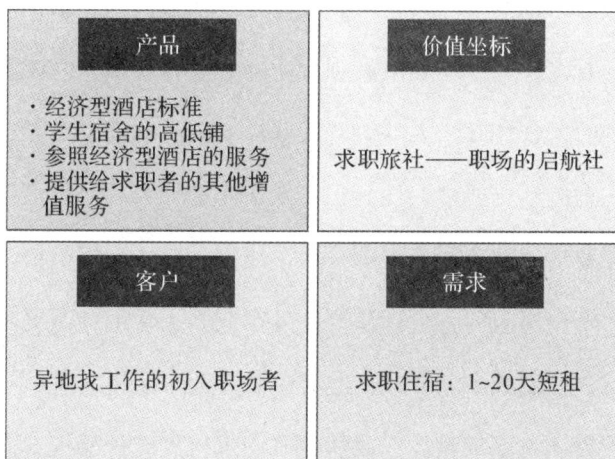

产品	价值坐标
·经济型酒店标准 ·学生宿舍的高低铺 ·参照经济型酒店的服务 ·提供给求职者的其他增值服务	求职旅社——职场的启航社
客户	需求
异地找工作的初入职场者	求职住宿：1~20天短租

▲ 职达求职旅社价值坐标

　　但盲目扩张下，产品的价值坐标和商业模式始终没有进行很好的迭代，这为其后来几年的衰退埋下了伏笔。

　　在企业不断扩张的时候，职达求职旅社对目标客户的定位分析、需求分析、痛点分析都未能及时进行迭代。几大瓶颈使得职达求职旅社始终没有形成清晰的商业模式，主要表现为以下几点。

第一，获客成本高。职达求职旅社瞄准异地求职人群，获客成本高，消费频次低，重复消费占比极小。求职者都是在刚到陌生城市找工作时入住职达求职旅社，并将其作为求职或面试时期的暂时住宿地。当他们找到工作后，就会改为租房，而没找到工作的会转战他乡。所以，职达求职旅社面对新客户展开营销，无法形成网络效应。

第二，政策瓶颈明显。职达求职旅社是一种微创新业态，从事特种服务行业。政府针对这种业态均参照酒店行业标准进行管理。但各地管理部门对于每个房间到底允许住几个人并没有明确标准，有的地方要求人均面积不低于6平方米，有的地方要求人均面积不低于4平方米，但这都仅仅是管理部门给出的参照要求，缺乏明文规定，这造成管理执法无据可依。碰上城市重大活动或重大安全事故时，管理从严，且存在多头管理的情况。职达求职旅社为安全起见，只能减少床位数，经营存在极大的不确定性。

第三，连锁体系不成型。在商业模式尚未得到充分验证、盈利模式还不够清晰、管理标准尚未成型的情况下，职达求职旅社过早发展连锁加盟，这样做带来的结果是：加盟商迟迟赚不到钱，品牌对加盟商的价值体现不明显，加盟连锁体系未能建立。最终加盟商逐步退出，至2011年，职达求职旅社仅存3家门店。

盈利模式	商业模式
· 按天计费，长期可包月 · 盈亏平衡点：入住率80% · 用户数据累计达到10万规模后的边际收益	· 以异地求职者为目标客户（获客成本高） · 微创新酒店式服务（政策瓶颈明显） · 连锁式发展（体系尚未成形）
价值坐标	产品竞争力
求职旅社——职场的启航社	· 低价：≤50元/天的住宿产品 · 人以类聚：目标人群很纯粹，有效消除求职者路上的孤独感和恐惧心理 · 安全：人生地不熟，安全很重要

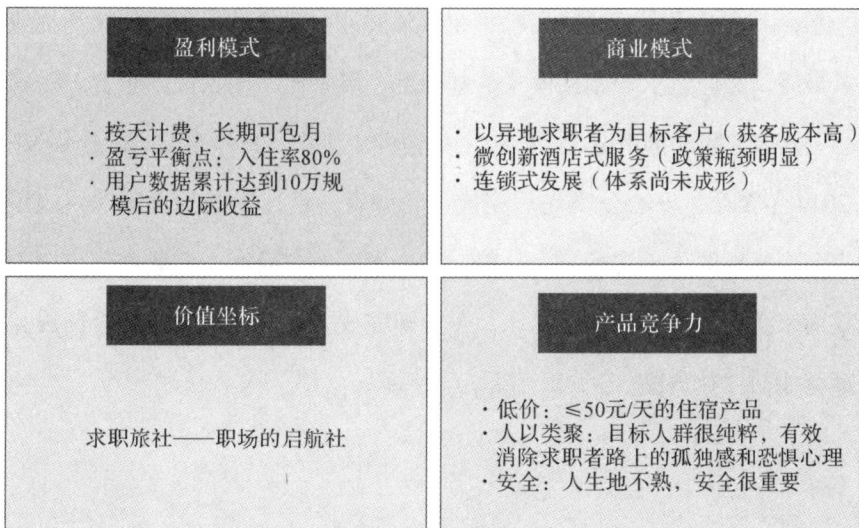

▲ 职达求职旅社的商业模式

我们不妨针对以上问题做一次虚拟的商业模式迭代。

回到目标客户做需求分析：求职住宿是刚需，但这个刚需的价值有多大？

职达求职旅社已经发现求职者的住宿需求频次低、重复消费的比例低，那么是否可以瞄准在职住宿呢？

既然政策上对短期住宿参照酒店行业标准进行管理，那么做成白领公寓，连锁品牌是否更有确定性机会？

几年消磨后，追捧职达求职旅社的投资人已经消散殆尽，蜂拥的加盟商也已经热情退却，当初激情投入的伙伴纷纷另找出路。职达求职旅社曾经轰轰烈烈开始，但由于迭代力的缺乏，只能黯然地结束。

　　然而有人认识到了这些问题，在一片混沌中反复迭代价值坐标和商业模式。最终，在职达求职旅社模式的基础上，诞生出了两家成功企业。一家叫安心公寓，它瞄准都市蓝领，做员工住宿的供应商，只做直营店的连锁发展。从 2014 年至今，安心公寓先后完成三轮融资，迅速发展到百家门店规模，成为名副其实的员工住宿第一品牌。另一家叫魔方公寓，它瞄准都市白领，主攻尚未买房的白领的住宿需求，A 轮即完成 4 亿美元融资，如今已成长为公寓行业的"独角兽"。

产品	价值坐标
·经济型酒店标准 ·学生宿舍的高低铺 ·参照经济型酒店的服务 ·提供给求职者的其他增值服务	求职旅社——职场的启航社

客户	需求
异地找工作的初入职场者	求职住宿：1~20天短租

职达求职旅社价值坐标

产品	价值坐标
·经济型酒店标准 ·学生宿舍的高低铺 ·参照经济型酒店的服务 ·提供给都市蓝领的其他增值服务	企业的第三方后勤住宿服务连锁品牌

客户	需求
都市蓝领：餐饮、酒店、呼叫中心等的员工	·劳动力紧缺，提供住宿成为企业招聘时的标配 ·员工后勤管理复杂而烦琐，耗费心神 ·涉及员工安全问题，责任重大

安心公寓价值坐标

▲ 职达求职旅社与安心公寓价值坐标对比

　　从上图我们可以看到，安心公寓继承了职达求职旅社的产品思路，几乎没有太大变化，但对目标客户做了全新的迭代：从求职者变成都市蓝领。目标客户的改变也带来了需求的改变，从求职阶段的临时住宿变成了企业的员工宿舍，需求价值得到了三个大的提升：

第一，消费者由求职者个人变成员工所在企业，这有效解决了职场底层人群对价格反应敏感的问题；

第二，由于房价暴涨、劳动力紧缺，为员工安排住宿也成为企业的痛点，安心公寓的产品满足的是企业的痛点需求，需求更为刚性；

第三，企业员工虽然每年有一定的流失率，但总量基本平衡，因此可以有效保障入住率，获得稳定的收入预期。

因此，商业模式的顺势迭代使其取得了很好的市场效果，获得资本的青睐，也就不足为奇了。

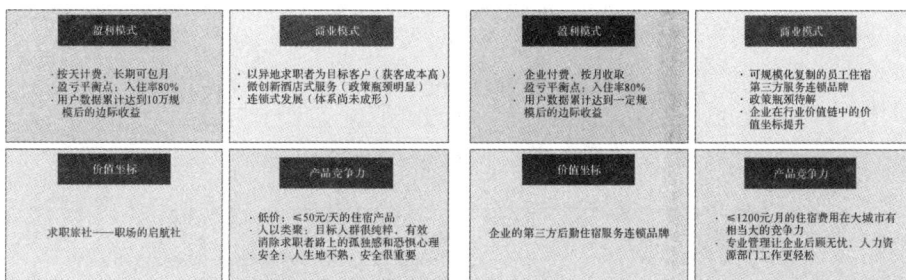

盈利模式	商业模式
·按天计费，长期可包月 ·盈亏平衡点：入住率80% ·用户数据累计达到10万规模后的边际收益	·以异地求职者为目标客户（获客成本高） ·微创新酒店式服务（政策瓶颈明显） ·连锁式发展（体系尚未成形）

价值坐标	产品竞争力
求职旅社——职场的启航社	·低价：≤50元/天的住宿产品 ·人以类聚：目标人群很纯粹，有效消除求职者路上的孤独感和恐惧心理 ·安全：人生地不熟，安全很重要

职达求职旅社商业模式

盈利模式	商业模式
·企业付费，按月收取 ·盈亏平衡点：入住率80% ·用户数据累计到一定规模后的边际收益	·可规模化复制的员工住宿第三方服务连锁品牌 ·政策瓶颈待解 ·企业在行业价值链中的价值坐标提升

价值坐标	产品竞争力
企业的第三方后勤住宿服务连锁品牌	·≤1200元/月的住宿费用在大城市有相当大的竞争力 ·专业管理让企业后顾无忧，人力资源部门工作更轻松

安心公寓商业模式

▲ 职达求职旅社与安心公寓商业模式对比

上图清晰地反映了商业模式迭代为商业价值带来了质变。但安心公寓目前面对政策瓶颈这一重要制约因素还需要继续迭代，要想进一步做大，还需要覆盖更多企业员工，从而扩大潜在的市场规模。无论企业发展到哪个阶段，迭代都需继续。如果充分运用创新方法论进行商业模式的创新，就一定能找到实现第三次跳跃的路径。

安心公寓还需要完成从生意到行业领导力的第三次跳跃。前文我们介绍了基于迭代力的企业价值坐标迭代方法论——价值坐标画布，以及企业商业模式迭代方法论——商业模式画布。用好这些工具，找出制约企业发展的瓶颈，利用创新方法，应该不难实现企业的下一轮繁荣。

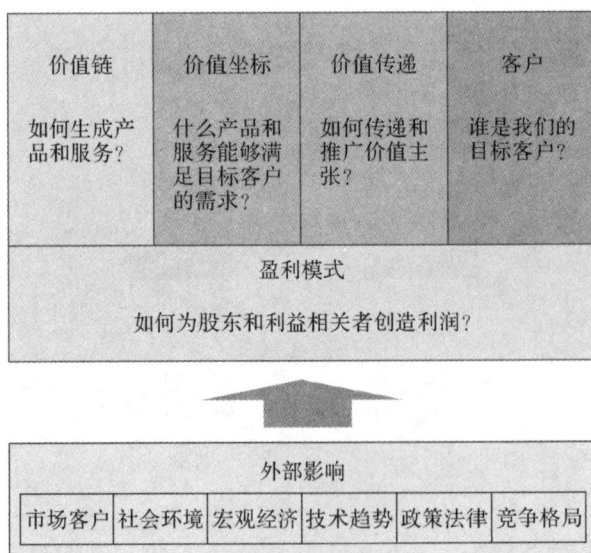

价值链	价值坐标	价值传递	客户
如何生成产品和服务？	什么产品和服务能够满足目标客户的需求？	如何传递和推广价值主张？	谁是我们的目标客户？

盈利模式
如何为股东和利益相关者创造利润？

↑

外部影响					
市场客户	社会环境	宏观经济	技术趋势	政策法律	竞争格局

▲ 商业模式迭代画布

通过以上案例分析，大家应该对战略迭代在企业战略方向选择上的导航作用有了具象化的感知。其实，迭代力的战略导航作用无论对什么行业都适用。我们常常听说，某某创业团队起初想做一个项目，结果这个项目没做成，阴差阳错做成了另一个当初根本没想过的项目。这种结果也是战略迭代的产物，只是局外人只看到了结果，而没有深究过程。

对于企业来说，执行犯错是成本问题，战略犯错却是生死问题。战略迭代的最大价值就是从商业起步开始即植入迭代思维，让经营过程中的每一步都经过验证。虽然很难做到不犯错，但一定能帮助我们少犯错。即便要犯错，情愿早犯错，而不是投入巨额成本后才发现犯了错；宁愿尽可能多地自己发现错误，而不是被消费者指出错误。

第九章　迭代力：为企业融资赋能

　　企业发展速度取决于团队执行力、信息获取能力和掌握资源的能力。我们可以借助瑞士物理学家丹尼尔·施普伦（Daniel Spreng）的信息三角形理论，分析出能量大小和成功所需时间长短的关系。

　　施普伦将能量、时间和信息之间的相互关系画成了一个三角形。在完成一份既定工作时，三角形的三个顶点代表的资源（能量 E，时间 T，信息 I）一个都不能缺，如果其中一个资源消耗得特别少，那么其他两个资源就会消耗得比较多。三角形内的每一个点都代表完成一项给定任务所需要的三个要素的特定组合。

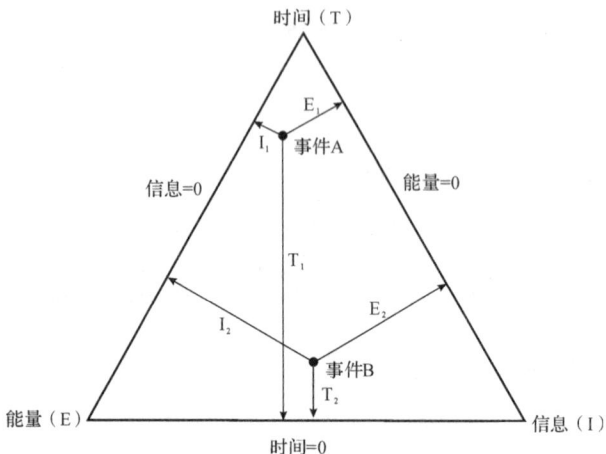

▲ 施普伦信息三角形理论

注：事件 A 的属性组合可以看出因为信息少，能量少，所以花费的时间就很长。事件 B 的属性组合就很明显地体现出信息多，能量多，所花费的时间就很短。

当下信息获取能力差异不大，变量主要在能量和时间上。能量取决于团队能力和资源获取能力，能量越大，成功所需要的时间越短。正所谓唯快不破，因此，企业要实现快速发展，自身资源有限时，就需要借助资本的能量加速成功。

2000 年以前，在国内市场创业要靠自己挣钱积累，然后一点一点做大。2000 年以后，国内也开始有了风险投资。首先是一些国外的基金进入国内市场，到 2005 年以后，尤其是 2010 年以后，国内本土的投资基金快速发展，这导致市场上看起来钱特别多。我们不时听说某某某的项目融资几亿甚至十几亿，令人好生艳羡，但实际上融资并不那么容易，无数的项目因为资金链断裂而黯然离场，令人扼腕叹息。

2015 年以来，随着全球量化宽松货币政策的收缩，风险类投资偏好趋于谨慎。此后的几年里，盲目投资、跟风式投资的机构明显变少了。也就是说，融资比以前难了。这种环境下，企业要成功融资，必须同时具备两大条件：一是对资本足够了解，二是项目本身具有独特的价值。

9.1　资本的特性

现在全球经济活动的形式是以资本为主导的，融资已成为企业的标配，即便不缺资金的企业，也能通过融资获取自己无法触及的资源。资本就是所谓的"上帝之手"。

绝大多数创业者对投资人都是爱恨交加——一方面想要获得他们的资金支持，一方面又畏惧受到资本的钳制。但是没有资本的加持，创业的难度绝对会大大增加。

成功融资的企业是很风光的，它们中有一些是实力派，真正打出成绩，吸引投资者，也有相当一部分创业者是因为运气，碰到了合适的资本，获得了投资。假如没有资本的支持，这类项目很难成功，因为其商业模式有待经受严苛的市场验证。但融资以后，这家企业就能支付较高的试错成本，在资本的支持下，也许能熬到商业模式被验证的那一天。我们能看到的绝大部分成功案例，都属于后一种情况。

融资不是毫无规律可循，只有足够了解自己、了解投资人、了解资本的特性，才可能成功融资。

融资前，创业者或企业要明确自己到底是否需要融资。很多时候，在项目不具备融资的条件时就去融资，很容易受挫折。事实上，不是投资人挑剔，而是项目本身没有准备好。

另外，融资说到底就是一个销售的过程。我们都清楚，销售前先要了解客户，而我们融资的客户对象就是资本方，即投资人。我们想将创业项目推销给投资人，就要先了解他要什么，他是怎样看创业者或者项目的。

资本家是这个世界上最"冷血"的一群人。第一，资本家都是极其"势利"的，企业困难之时他们袖手旁观，企业成功之时他们紧追不舍。第二，他们非常自负。因为他们每天至少约谈四五个项目，一年至少约谈上千个项目。第三，他们只和你谈钱。不能让投资人赚钱的项目，激不起他们的兴趣。最后，他们会故意摧残、挑战创业者，看创业者的内心是不是足够强大。因此，创业者被投资人激怒的故事时有发生。

当我们想要融资时，找什么阶段的资本，找什么投资偏好的资本，也需要做精确的筛选。

我们将投资者分为种子阶段、天使阶段、A 轮、B 轮、C 轮、D 轮等。有偏风险的，有偏 PE（私募股权）的，甚至有偏二级市场的。除此之外，还需要了解资本的两大属性：贪婪和恐惧。

资本首先是贪婪的，希望回报率越高越好，挣的钱越多越好。投资基金绝大部分不是基金管理人自己的，而是募集而来的。通常来说，基金有 LP（有限合伙人）和 GP（普通合伙人）两种。有限合伙人出钱，但不负责基金的管理；普通合伙人则主要负责管理基金，但大部分基金不是他们自己的。如果普通合伙人管理的基金挣的钱多，那么他就能募集到更多资金。因此，项目的回报率和回报周期是投资基金关心的重点。

在投资基金公司的构成上，国内外有很大差异。在国外，绝大部分基金的管理者自己本身就是事业成功者，他们自己有成功的创业和管理企业的经历，或者他们自身就是大型企业高管。但中国的绝大部分投资基金管理者连生意都没有做过，也没有足够的创业经验。所以，现阶段很多投资基金自身也未必发展得很健康。一般情况下，投资份额比较重的早期投资者，赚的钱比较多。摩拜单车被美团收购以后，第一个站出来说话的基金公司收获是比较大的。而 C 轮、D 轮、E 轮、F 轮等后期介入的基金则大部分是靠关系，他们能赚到的钱很有限，只是投资人需要通过成功的企业投资案例来提升自身的形象。

所以，在融资时，创业团队应尽量选择历史够长、投资活跃的投资方。假如一个基金一年的投资项目少于 5 个，就说明它缺乏后续募集资金的能力。

投资人每天看很多项目，生怕错过一个"独角兽"。但是，也许得投到第 100 个，才有可能成功地投资一个未来的"独角兽"企业。因此，投资人时时都会担心害怕，刻刻处在纠结和恐惧之中——既怕错过机会，又怕踏入陷阱。所以说，投资人的另一个特性是恐惧。

了解这两大特性之后，融资的基本逻辑就清楚了。

首先是要让投资人觉得企业很挣钱，投资人现在进入就是机会。

其次要传达的信息是项目的风险小。所有项目都有风险，对于这一点，创业者不要否认。比较聪明的做法是：主动告诉投资人项目是有风险的，但是，企业在赌一个趋势，将风险路径设置得比较窄，并且这个风险是经过揣摩的，是相对可控的。

再次是要明确地告诉投资人项目在多长时间内能让他挣多少钱。这对投资人来说非常重要。大部分基金的封闭期不会超过 10 年。基金的清算期会影响投资人对项目的决策。

最后还需要清楚，资本最看重的是人和赛道。

9.2　迭代力让企业更吸引投资人

过去，绝大部分资本投资时，最主要的决策因素是人，其次是赛道。后来，随着资讯、科技、物流在全球运动速度的加快，企业头部效应越来越明显，因此最近五年明显的变化是投资前优先看赛道，其次才看人。

企业身处哪个战场很重要，有些战场耕耘很慢，市场规模不是很大，竞争却很激烈，所以不会有大的回报。而且，人民币基金封闭期普遍比外资基金短，这意味着留给项目的成熟周期十分短，如果不能在基金的封闭期结束之前成功退出，或者通过回购条款在三五年之内卖给成熟的上市公司，投资人很难做出投资决策。

所以，企业对自己所处的赛道需要有清晰的研判，赛道好意味着机会多。投融资市场经常出现大量资本扎堆一个行业的现象，就是因为赛道是能够研究清楚的。资本都会选择机会多、成功概率高的赛道。

那么，如何评判自己是否处于好赛道呢？

前文我们分析过，在秒变时代，企业只有三种机会。第一，平台型机会

（彻底的赢家）；第二，平台支撑型机会（有被大平台收购的机会）；第三，平台应用型机会（小而美的公司）。几乎所有的项目在创立之初，在给企业定位的时候，都希望企业"大而美"，都希望做成大平台、大企业、大生态。但几乎只有平台和平台支撑型企业才有融资的机会，拥有战略迭代能力的企业更容易打动投资人。今天业已成功的平台型企业和生态型企业，无一不是逐步迭代成功的。更何况，不是所有的行业都能出现大平台，企业需要在分析用户需求规模、找到核心价值坐标的基础之上，精确定位企业在行业价值链中的位置，然后形成有竞争力的商业模式，在完成最小商业模式闭环后，通过循环迭代，持续努力，达成既定目标。小而美的公司不适合融资，也很难融到资金。但如果在迭代过程中，小而美的公司找到了创新的商业模式，进一步发展为平台型企业乃至生态型企业，也未必不可能获得融资。机构投资人在做投资决策的时候，往往很看重项目的可延展性。项目延展靠的就是迭代力，迭代能力越强，项目可延展的价值越大，打动投资人的概率也就越高。

今天的世界是平的，大公司的信息优势和溢价优势都不存在了，而经营成本高、经营效率低下的劣势却显现出来了，所以如果不能做成平台或平台支撑型企业，不如做一家小而美的公司。

投资人做出投资决策时，除了评判赛道，还需要看人，也就是看核心团队。投资人主要看重团队的三种能力。

第一，制定方向的能力。投资人在确定企业处在不错的赛道后，就需要确定企业是否有能力成长为行业的领导者。因此，企业必须清楚地告诉投资人：从现在的状态起步，企业能达成的目标、成功的路径、路径的可信度，以及面对目标实现过程中不断变化的影响因素时企业的应对方法。在第二篇中我们分析得出，企业的绝大部分战略路径和应对变化的方法可以归纳为战略三级跳。

第二，搭班子的能力。中国创业成功的很大一部分人都出生在二十世纪六七十年代，他们成长于变革急剧、意识极其开放的年代——现在，这种机会已经很少了。如今是精英创业时代，精英才更有机会获得资本的加持。所谓精英，就是有成功的职业生涯（大公司就业或高管经历）、有过成功创业经历、从世界名校毕业或者师从某位名家的人。普通人要吸引投资人必须组建豪华的创业团队。组建团队时，要优先考虑互补性，其次再考虑成员是否互相喜欢。如果一个团队的满分是 100 分，那么投资人为团队打分时，核心团队成员在其中所占的比重有 70%~80%。因此，能与不喜欢但互补的人合作也很重要；只有具备一定的包容心，才能组建出足够优秀的团队。

但是，没有人能保证自项目一开始就能搭建一个理想的核心团队，找到合适的团队合伙人有时候比找对象还难，只能在企业发展过程中逐步完善——也就是说，"搭班子的能力"即属于团队的迭代能力。

第三，带队伍的能力，也就是我们常说的执行力。执行力取决于团队能力和管理方法。

当下用的诸多管理方法，互相之间是不是一体、有没有形成完整的体系非常重要。所有管理方法从功效上看都差不多，但在企业管理的过程中，必须用一条线索梳理各种管理知识。有了线索，才能有所取舍，然后通过执行迭代的五项修炼形成迭代能力，从而不断迭代提升执行力。对于任何企业而言，执行力永远是没有最好，只有更好。

总结起来，投资人最关心的问题是：

● 企业所处的行业是否有很好的成长性；

● 执行团队是否为精英团队，执行力够不够强。

归根到底，投资人就是看企业是否具备足够的迭代力。

融资的故事每天都在发生，大多数项目在创立之初都是基于逻辑判定市场机会的，而商业模式的最终确立和验证必须在实战当中进行。在实战中不断迭代，在迭代中战略方向将变得清晰而具体，最终打动投资人，项目实现加速成长。

本书列举的案例中，诺心蛋糕通过战略迭代，找到了"蛋糕信使"这一新品类市场，成功获得融资；永辉超市在迭代出"合伙制"管理模式后，执行力成为企业的核心优势，才开始有资本大规模介入；安心公寓和魔方公寓都是在职达求职旅社商业模式的基础上实现了成功迭代，先后获得巨额融资。

当然，如上所述，人的因素也很重要。2018 年，原 7 天连锁酒店创始人郑南雁加盟魔方公寓，担任董事长，不用说，这一人事变动，对魔方公寓的下一轮融资是重大利好。

无数的融资案例说明，了解资本特性，具有战略迭代力、团队迭代力、执行迭代力和迭代创新能力的企业，才能满足资本贪婪的本性，消除资本对风险的恐惧，从而更容易获得资本带给企业发展的不竭动力。

经营企业过程崎岖，受竞争环境和用户需求变化的影响很大，发展中充满了不确定性，就像驾驶汽车行驶在茫茫戈壁，没有现成的路，需要企业不断地试错。只有具备战略迭代能力，才能保证企业处于高速成长赛道，从而满足资本的贪婪本性；只有团队精英化，企业才有可能快速地达成战略目标；只有当执行力经过验证，投资人的恐惧才能消除。资本只会锦上添花，而不会雪中送炭；若想资本赋能，必须先以迭代力赋能自己的企业。

第十章　人人需要迭代力

就在本书即将完稿的 2018 年 7 月 6 日，中美贸易战正式打响。不仅仅在中美，贸易战正在以看不见的形式在全世界蔓延。国际贸易领域的正面交锋是对现有国际贸易体系的剧变式迭代，也将给中国企业的生存和发展带来深度影响。

同一天，华为联手国内各大银行、中国银联正式推出全新的支付方式：碰一碰。这种支付方式采用 NFC（Near Field Communication）技术，也就是近距离无线通信技术，用户无须扫描二维码，甚至连 app 都不用打开，只要拿着华为手机对着商品的标签碰一碰，就能在立刻弹出的支付窗口输入金额，通过指纹或者密码验证完成支付。这一技术融合了华为自己研发的麒麟芯片的超级安全引擎，拥有与银行卡同级别的安全等级。这一技术很快可以通过手机取代我们身上几乎所有的物理介质——钥匙、身份证、银行卡等，各大行业又将面临一场颠覆。面对华为的竞争，相信作为世界领先移动支付企业的支付宝和微信支付，一定会快速迭代产品，应对竞争变化，从而持续保持自身的市场优势。

如今，世界经济剧烈波动，每一家企业都难以幸免。互联网让产业链条变得更加扁平，让企业之间的竞争变得没有边界，再小的企业，都可能是全球产业分工甚至产品分工的一部分。技术的叠加式创新让行业边界变得越来越模糊，原来毫不相干的行业企业一夜之间可能变成强劲的对手。时代瞬息万变，还将以我们想象不到的速度加速变化，适应变化、快速迭代的能力既是企业发展的必需，也是个人成功的必要。

人是企业组织的细胞，没有个人的迭代力，企业的迭代力也就无从谈起。因此，不仅企业应对生存环境的变化需要迭代力，同时每一位个体也应具备迭代力。

行业融合、产业跨界对人才的跨界学习能力提出了高要求，具备跨界迭代能力的人才将更具竞争力；技术创新周期变短，也需要知识迭代能力。华为集体辞退一批35岁以上工程师曾引发全民讨论，有人理解，也有人批评。站在职场竞争力的角度考量，迭代力的缺失应该是这批工程师惨被辞退的根本原因。"90后中年人"一度成为社交媒体的热门话题，这从另一个侧面反映了职场中迭代的频率在加快。秒变环境下，人与人之间的竞争已经不仅限于现有能力的竞争，更是迭代力的竞争。

和企业迭代力建设类似，个人迭代能力的形成包括：战略迭代确定职业方向，任务迭代形成自身的核心职业价值，在需求环境中找到最佳的能力变现模式。

10.1　个人的战略迭代

在现有教育体制下成长的中国人基本上是以考试为评判标准，成绩好的就能上好大学，从好大学毕业就被认为是有竞争力的人才。但站在用人的角度来看，从好学校毕业只能代表考试能力很强，和企业需要员工具备的解决问题的能力二者之间有关联，但并不互为充分必要条件。

我们从小按照标准答案完成老师布置的作业，面对中考、高考，我们几乎用尽"洪荒之力"，人生体验、探究精神被长期打压。一旦进入职场，就有无数的问题冒出来：当年选专业几乎是随大流，听说什么专业好就报什么专业，找到的工作不喜欢，甚至不知道自己到底喜欢做什么，由此对职业方向感到迷茫；学校的通识教育缺乏实践锻炼的相关内容，所学的专业知识在实际应用中已经迭代了好几次，能力跟不上压力，由此带来了能力恐慌。方向迷茫和能力恐慌已经成为当下职场人的两大痛点。

在这种情况下，团队中每一个个体都有自身独特的优势，发现自己的优势，在自己的优势赛道上努力，就一定更容易成功——这完全是一句空话。

了解自己，发现优势，结合行业变迁，匹配高价值成长的职业训练，锻炼能力，并应新行业、新技术、新知识的变化保持迭代能力。保持迭代力，就能让自己始终身处有发展前景的行业。

对企业来说，员工不能发挥自己的优势，也是对人力资源的巨大浪费，由此造成执行力不足，使企业发展达不到应有的速度，轻则影响盈利能力，重则会让企业错失稍纵即逝的商机。因此，企业应帮助员工发现其优势，顺势培养，形成员工岗位知识和岗位能力的迭代力，使个人可以充分发挥潜能。而每个人的潜能累积，将极大地提升团队执行力，也将形成强大的团队迭代力。

10.2 迭代提升个人职业价值

"时代在快速变化，很担心自己的知识不够用。"

"别人懂的东西自己不懂，生怕落后于他人。"

"未来充满了不确定性，担心自己被淘汰。"

秒变环境下，很多人都患上了知识焦虑。所谓知识焦虑，就是因为缺乏迭代能力而在面对新知识、新信息、新认知时产生的匮乏感。只有不断求知，才能让自己心安。

知识焦虑和变化带来的不安感，催生了知识付费的火爆：报 MBA 课程、听大师演讲、听在线课程、混学习圈子、请讲师内训、做团队建设……很多人陷入了"自嗨型学习"的陷阱。

"自嗨型学习"的人学习很积极，但学习的时候却一直在找"共鸣"，比如"这个专家的观点和我一样"，"我刚关注到战略问题，这个大咖就在强调企业战略"，等等。

很多时候，我们一付费一收听，就误以为自己学到了知识，其实离真正掌握知识差了十万八千里。以为买到的是知识，其实买到的是"知道"；以为买到的是掌握，其实只是囤积了一堆"知道"。

想要真正提升个人职业竞争力，形成自己的不可替代性，知识积累是基础，体系化学习是前提，在任务中反复训练才是根本。

如果还未进入职场，那么应尽快认真地做一次职业生涯规划，找到自己喜欢的、适合干的行业，精确自己的职业定位，然后根据该定位所要求的知识结构开始学习，根据做好该岗位所需要的能力要件，以虚拟任务的方式进行训练，只有这样，才能不仅仅"知道"，而且能"得到"和"做到"，才能将知识转化为能力。

而如果已经进入职场，但对自己的职业方向不确定，也应好好做一次职业生涯规划，在适合的方向上进一步成就自己的职业价值。亡羊补牢，为时不晚。

10.3　迭代选择能力变现场景

职业能力在不同的场景里，其价值体现出很大差异。个人价值的变现类似于企业的商业模式，必须基于需求和自身能力先完成一个简单的商业模式闭环，然后循环迭代，寻找更高价值的商业模式。

人的职业发展分为四个阶段，分别是职业化阶段、技能化阶段、中介化阶段和使命化阶段。

职业化阶段的关键包括：学生心态快速切换为职业心态，完成个人职业定位的筛选确定，学习岗位相关的基础知识和技能，等等。也就是说，尽快成为一个合格的职业人。完成这一过程，就为技能的快速提升打下了坚实基础。

技能化阶段是个人职业能力开始拉开距离的阶段。一是因为不同人完成职业化阶段的时间差异明显，有的人在大学就基本完成了职业化，而有的人在入职多年后连清晰的职业方向都没有；二是因为不同的人学习能力的差异明显，也就是个人的知识迭代能力不同导致个人职业能力差距明显。

中介化阶段是进一步拉大个人职业能力的关键期，在很多技能化积累中表现突出的人会被其他人认可，并被邀请兼职、讲课、带学徒等。今天，无数互联网平台更为个人职业能力的跨界变现提供了机会，在这一阶段，人与人之间的价值差距被再次拉大。

使命化阶段只有少数人能到达。只有那些心怀使命、力图改变世界、促进社会进步、愿意为家国天下担当的人，才能到达使命化阶段。他们或者利用自己的技术研究发明新产品、新技术，或者创办公司，心怀伟大愿景，希望改变人们的生活方式或工作方式。无论成功失败，这些人都是值得尊敬的，他们是一群具有超级迭代力的人。

一如企业的发展不会一帆风顺，个人的职业发展也同样会受到各种因素的影响，但只要拥有迭代力，就能够自我迭代，找对职业方向，通过任务迭代实现能力提升，通过场景迭代实现个人职业价值的最大化。

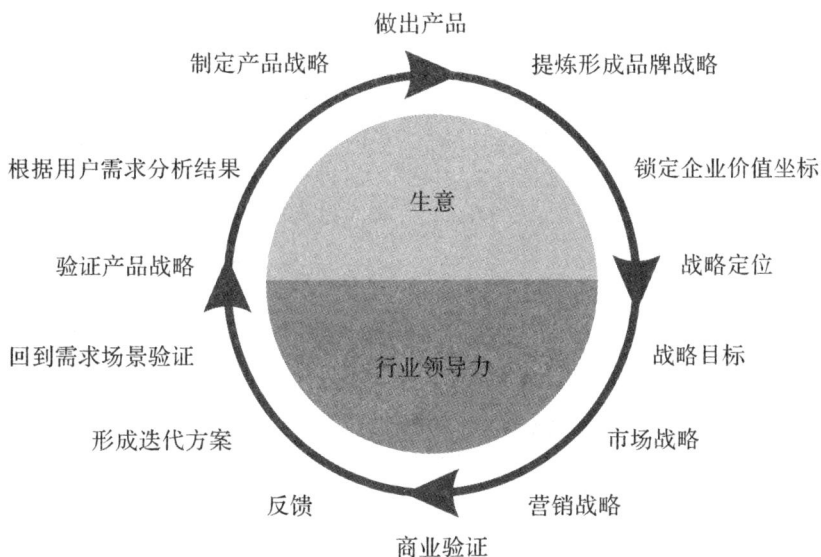

▲ 企业生态迭代循环

秒变时代下，行业裂变，环境多变，"黑天鹅事件"成为常态，无论是企业还是个人，只有具备迭代力，才能跑赢这个时代。

佛家有三境界："看山是山，看水是水；看山不是山，看水不是水；看山还是山，看水还是水。"在这个多变的时代，人人都需要迭代力。

10.4　迭代不止，生生不息

至此，我们完成了本书的全部内容——了解秒变时代及其带来的商业变化，定义迭代力及其所包含的内容，介绍战略迭代方法论、执行迭代方法论、团队迭代方法论及迭代创新方法论，最后还对个人迭代力和企业迭代力的同频关系做了简单解读。

我们希望企业能够认真导入迭代方法论。战略迭代方法论让整个企业组织犹如一辆无人驾驶汽车能自动导航，确保企业始终向着目的地努力；执行迭代方法论则让企业像个生命体，保持新陈代谢，从而生生不息。

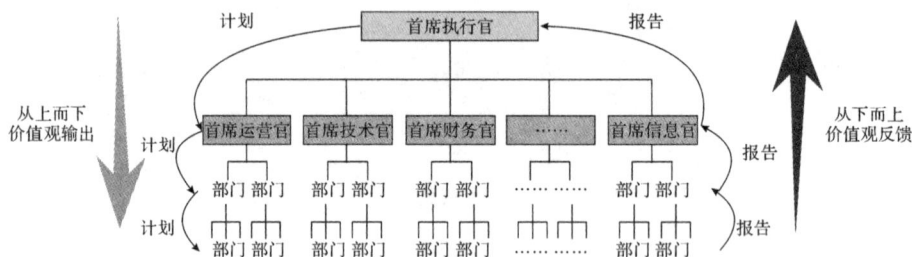

▲ 迭代型组织

建立迭代型组织没有高技术门槛，无须资本投入。在建设迭代型组织过程中，一开始，企业往往会觉得并无高明之处，只有慢慢体验到其内在价值才会形成自觉行为。因此，一开始的习惯培养很重要，必须领导重视，上下一致，一旦形成习惯，迭代型组织产生的惊人价值会带给企业实实在在、看得见的巨大效果。

企业拥有了迭代力，就更容易找到自己所在行业的最佳商业模式，提升达成战略目标的执行效率，从而更容易获得资本的青睐，就像配置了一台加速器，以更快的速度成长为行业领导型企业，建立行业领导力。

最后，希望所有的企业和个人都可以迭代不止，一路成长。

后 记

对有的人来说，这是个最坏的时代，时代的车轮越跑越快，快得令人发慌，令人心生焦虑，令人深陷恐惧。

新技术不断涌现，但新技术的应用到底将带来怎样的影响，却充满了未知，未知令人发慌；新人类（二次元）、新需求、新热点、新潮流不断切换，不期而遇的变化让企业经营者为企业能否持续健康地活下去心生焦虑；产业变革、行业颠覆、跨界融合、平台革命，身处竞争一线的企业家发现，借原有的经验已经看不清市场、看不见对手、看不透未来，种种不确定性，难免令人心生恐惧，害怕保不住现有的优势，担心守不住既有的市场，畏惧无法预测的变革力量。

而对有的人来说，这是最好的时代。时代的快速变化催生出无数令人心动的新机会，如一条条刚刚铺就的全新赛道，正张开双臂欢迎勇敢的奔跑者。

变化令人不安，机会让人心动，但把握机会的过程却让无数人饱受煎熬，深陷成功陷阱而无法自拔。

他们中，有的激情澎湃地开始创业，在产品推出市场后乏人问津，用尽全力做市场策略、营销推广，却始终难有起色，最终耗尽了资金，尝尽人间冷暖。有的成功融资，开始自信满

满地扩张市场，一通"烧钱"模式下来，却发现企业规模小的
时候公司很赚钱，扩张之后陷入了盈利恐慌，投资人开始追要
回报，竞争对手又在步步紧逼，下一轮融资希望渺茫，在付出
一通战略突破的努力却没有扭转颓势之后，原本满腔激情的团
队身心疲惫，一段坚守后各自离散，曾经看好的项目最终令人
扼腕叹息。还有的为了保住既有优势，用进攻的办法解决防守
问题，于是，做"互联网+"，启动新产品、新项目，投入巨
额资金，但这一做法不仅没有带来新的利润，还使企业的传统
优势丧失殆尽……

都说成功的企业是相似的，失败的企业各有各的不同。
成功企业的相似之处是都能坚守商业的本质逻辑和自身的核
心优势，耐得住诱惑，经得住寂寞。今天我们谈起华为都会
肃然起敬，殊不知在房地产利润爆棚的时候，华为坚守通信
领域，持续投入研发资金；在实体企业纷纷转型追求通过投
资获取高额收益的时候，华为在不断迭代企业的内部管理；
当互联网红利不断制造企业神话的时候，华为在以农耕精神
开拓世界市场。而反思失败，企业家精神的缺失正是我们最
缺乏的成功基因。

今天，企业的失败无非以下原因。

战略管理缺失：企业都有战略，但绝大多数企业缺乏战略管理，要么战略不够具象难以落地，未能形成有竞争力的商业模式和可执行的商业计划，要么战略没能及时迭代、与时俱进，拿着旧地图，指挥新战斗。

管理效率低下：无数企业家花大把的时间考虑市场策略、产品战略、人才战略，找融资渠道，在企业内部救火，却没花时间好好思考企业和员工的关系，最后落入引进人才却形成不了团队战斗力，员工天天加班却未见提升执行力的境地。

企业的战略管理和执行管理是成功的基石，没有这两个根基，再丰富的大咖经验、再伟大的管理理论、再有能量的管理智慧，都难以在企业内产生真实的价值，一如病入膏肓的人吃补药，无法产生药效。

在一切都变得越来越快的今天，企业家群体也弥漫着急躁的情绪，很多人都希望找到一份秘籍，能一夜之间成功。于是，有的人想尽办法进高端圈子，挤出时间听大咖传经授道，花大价钱读 MBA 课程学习成功的商业案例。但没有谁的成功是别人教出来的，哪怕教的人极负盛名。

正因为看多了企业家的困惑，看到了企业家的急躁，看见了企业病急乱投医的急切——这些状态，有些我们早就经历过，让我们反思了很多年——于是，我们才将自身对商业实践的研究总结写成这本书，希望帮助奋斗在竞争一线的勇敢者保持战略定力，培养迭代能力，赢得资本加持，在创新经济的商业浪潮中抓住商机，迭代成功。

图书在版编目（CIP）数据

迭代力：构筑未来商业的内在力量 / 张增先，王定标，潘永焕著 . —杭州：浙江大学出版社，2019.1
ISBN 978-7-308-18679-7

Ⅰ.①迭… Ⅱ.①张… ②王… ③潘… Ⅲ.①企业管理 Ⅳ.①F272

中国版本图书馆 CIP 数据核字 (2018) 第 228113 号

迭代力：构筑未来商业的内在力量

张增先　王定标　潘永焕　著

策　　划	北京即刻知识科技有限公司·布克加
策划编辑	顾　翔　余燕龙
责任编辑	张一弛
责任校对	汪淑芳
封面设计	VIOLET
出版发行	浙江大学出版社
	（杭州市天目山路 148 号　邮政编码 310007）
	（网址：http://www.zjupress.com）
排　　版	杭州中大图文设计有限公司
印　　刷	杭州钱江彩色印务有限公司
开　　本	710mm×1000mm　1/16
印　　张	13.25
字　　数	145 千
版 印 次	2019 年 1 月第 1 版　2019 年 1 月第 1 次印刷
书　　号	ISBN 978-7-308-18679-7
定　　价	48.00 元

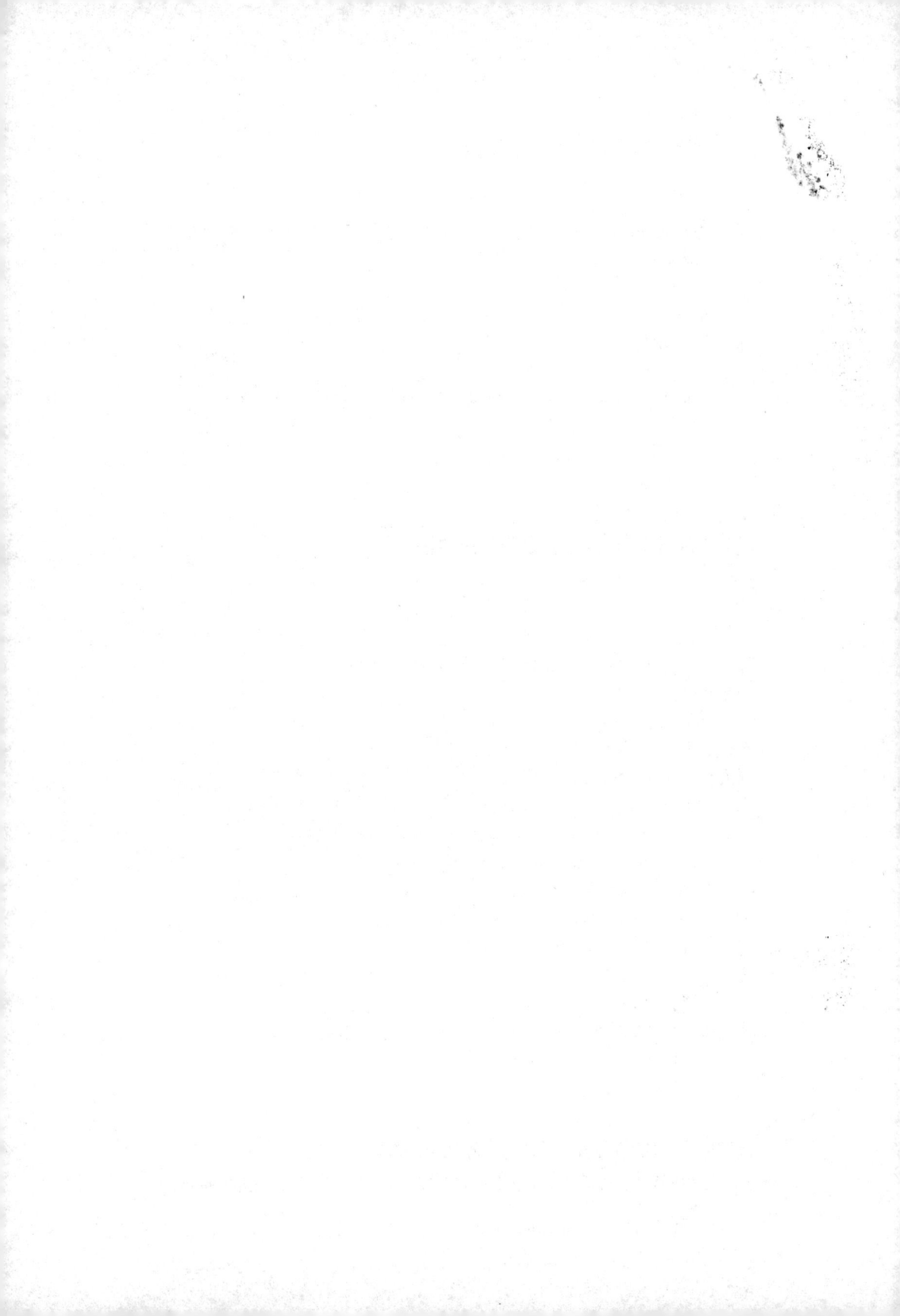